# Elemente der Politik

**Reihe herausgegeben von**
H.-G. Ehrhart
Hamburg

B. Frevel
Münster

K. Schubert
Münster

S. S. Schüttemeyer
Halle-Wittenberg

Die ELEMENTE DER POLITIK sind eine politikwissenschaftliche Lehrbuchreihe. Ausgewiesene Experten und Expertinnen informieren über wichtige Themen und Grundbegriffe der Politikwissenschaft und stellen sie auf knappem Raum fundiert und verständlich dar. Die einzelnen Titel der ELEMENTE dienen somit Studierenden und Lehrenden der Politikwissenschaft und benachbarter Fächer als Einführung und erste Orientierung zum Gebrauch in Seminaren und Vorlesungen, bieten aber auch politisch Interessierten einen soliden Überblick zum Thema.

## Reihe herausgegeben von

Hans-Georg Ehrhart
Institut für
Friedensforschung und
Sicherheitspolitik an der
Universität Hamburg
IFSH

Klaus Schubert
Institut für
Politikwissenschaft
Westfälische Wilhelms-
Universität
Münster

Bernhard Frevel
Fachhochschule für
öffentliche Verwaltung
NRW
Münster

Suzanne S. Schüttemeyer
Institut für
Politikwissenschaft
Martin-Luther-Universität
Halle-Wittenberg

Weitere Bände in der Reihe
http://www.springer.com/series/12234

Bernhard Frevel

# Innere Sicherheit

## Eine Einführung

 Springer VS

Bernhard Frevel
Fachhochschule für öffentliche
Verwaltung NRW
Münster, Deutschland

Elemente der Politik

ISBN 978-3-658-20246-0     ISBN 978-3-658-20247-7   (eBook)
https://doi.org/10.1007/978-3-658-20247-7

Die Deutsche Nationalbibliothek verzeichnet diese Publikation in der Deutschen
Nationalbibliografie; detaillierte bibliografische Daten sind im Internet über http://
dnb.d-nb.de abrufbar.

Springer VS
© Springer Fachmedien Wiesbaden GmbH, ein Teil von Springer Nature 2018
Das Werk einschließlich aller seiner Teile ist urheberrechtlich geschützt. Jede
Verwertung, die nicht ausdrücklich vom Urheberrechtsgesetz zugelassen ist,
bedarf der vorherigen Zustimmung des Verlags. Das gilt insbesondere für
Vervielfältigungen, Bearbeitungen, Übersetzungen, Mikroverfilmungen und die
Einspeicherung und Verarbeitung in elektronischen Systemen.
Die Wiedergabe von Gebrauchsnamen, Handelsnamen, Warenbezeichnungen
usw. in diesem Werk berechtigt auch ohne besondere Kennzeichnung nicht zu der
Annahme, dass solche Namen im Sinne der Warenzeichen- und Markenschutz-
Gesetzgebung als frei zu betrachten wären und daher von jedermann benutzt werden
dürften.
Der Verlag, die Autoren und die Herausgeber gehen davon aus, dass die Angaben
und Informationen in diesem Werk zum Zeitpunkt der Veröffentlichung vollständig
und korrekt sind. Weder der Verlag noch die Autoren oder die Herausgeber
übernehmen, ausdrücklich oder implizit, Gewähr für den Inhalt des Werkes,
etwaige Fehler oder Äußerungen. Der Verlag bleibt im Hinblick auf geografische
Zuordnungen und Gebietsbezeichnungen in veröffentlichten Karten und
Institutionsadressen neutral.

Gedruckt auf säurefreiem und chlorfrei gebleichtem Papier

Springer VS ist ein Imprint der eingetragenen Gesellschaft Springer Fachmedien
Wiesbaden GmbH und ist Teil von Springer Nature
Die Anschrift der Gesellschaft ist: Abraham-Lincoln-Str. 46, 65189 Wiesbaden,
Germany

# Inhaltsverzeichnis

# 1

# Das Politikfeld Innere Sicherheit

**Zusammenfassung** In diesem einleitenden Kapitel werden der Begriff der Inneren Sicherheit eingeführt und von anderen Sicherheitsbegriffen abgegrenzt, ein Überblick über dessen Bedeutung für Staat und Gesellschaft gegeben sowie markante Entwicklungslinien der Diskussion zur Inneren Sicherheit benannt.

Sicherheit sei, so Daase et al. (2012, S. 7), die „neue gesellschaftliche Leitvokabel" im 21. Jahrhundert. Sie gewinnt an Bedeutung angesichts vieler Gefahren und Risiken, einer gefühlten Verletzlichkeit der komplexen modernen Gesellschaften, einer wachsenden Unübersichtlichkeit von sozialen Umbrüchen. Die Menschen wünschen sich Sicherheit und erwarten Schutz. In vielfältigen Kontexten geht es um Sicherheit: die soziale Sicherheit betrifft z. B. die

© Springer Fachmedien Wiesbaden GmbH, ein Teil von
Springer Nature 2018
B. Frevel, *Innere Sicherheit*, Elemente der Politik,
https://doi.org/10.1007/978-3-658-20247-7_1

Bereiche des Arbeitsmarktes und der Rente, Verkehrssicherheit betrifft alle Fragen der Mobilität zu Fuß, mit dem Rad, Auto, Zug, Flugzeug und die damit verbundenen Unfallrisiken. Die Gefährdungen im Internet durch Viren, Trojaner oder Phishing-Attacken gehören in den Bereich der IT-Sicherheit. Niemand möchte vergiftete Eier oder keimbelastetes Schweinefleisch essen – was zum Themenbereich der Lebensmittelsicherheit gehört. – Überall geht es um Sicherheit…

Der Begriff „Sicherheit", der etymologisch auf die althochdeutschen Wörter „sihhor" und altsächsisch „sikor" zurückzuführen ist, hat den lateinischen Ursprung in „securitas" – Gefahrlosigkeit, was wiederum zurückgeht auf „sine cura" – ohne Sorge. Sicher sind also diejenigen, die ohne Sorge z. B. *um* Leib und Leben, Sicherheit und Wohlstand, Einkommen und soziale Zugehörigkeit sind, oder die ohne Sorge *vor* Übergriff, Not, Inflation, Unfall oder Katastrophen sind. Bei der Klärung der Sicherheit ist also stets die Frage nach der Sorge des „um" bzw. „vor" mit zu stellen.

Das Wort **Sicherheit** wird in der deutschen Sprache sehr breit eingesetzt und wie oben verdeutlicht in sehr unterschiedlichen Kontexten genutzt. Im Englischen wird Sicherheit mit verschiedenen Begriffen angewandt: Mit Bezug auf den lateinischen Ursprung heißt es dort *„security"* und meint so etwas wie „Angriffssicherheit" im Sinne der Sorge vor von außen kommende Gefahren. *„Safety"* hingegen kann mit „Betriebssicherheit" in Verbindung gebracht werden, also mit den Strukturen und Prozessen, die möglichst gefahrenfrei sein sollten, um Sicherheit zu gewähren. Eine dritte Übersetzung von Sicherheit ist die von *„certainty"* im Sinne von Verlässlichkeit, die den Menschen Sorgen nimmt.

Certainty entsteht im sozialen Miteinander in den Familien, Schulen, Betrieben, Vereinen und Nachbarschaften. Das Kennen einander und füreinander einstehen, schafft Sicherheit.

Viele Aspekte der Sicherheit im Sinne von Safety werden von den Menschen selbstständig im alltäglichen Leben gestaltet, wenn die rutschige Teppichkante am Boden festgeklebt oder das kippelige Regal an die Wand gedübelt wird. Safety wird zudem gesetzlich geregelt, wenn beispielsweise seit 2017 in Wohnungen Rauchmelder angebracht sein müssen.

Security ist hingegen etwas, was der einzelne nur bedingt beeinflussen kann. Er oder sie kann sich auf mögliche räuberische Angriffe vorbereiten und einen Selbstverteidigungskurs belegen, und dass das Haus oder Auto abgeschlossen werden, beugt Einbrechern und Dieben vor. Doch für den Umgang mit vielen Formen der Kriminalität oder für die Verteidigung des Landes braucht es komplexere Systeme, die Individuum, Gesellschaft und Staat schützen (sollen). Fragen von Krieg und Frieden gehören dabei in die Rubrik der Äußeren Sicherheit. Insbesondere Kriminalität, Extremismus und Terrorismus werden dem Bereich der Inneren Sicherheit zugeordnet und stehen im Blickpunkt dieses Buches.

## 1.1  „Innere Sicherheit" – Skizze eines umstrittenen Konstrukts

„Innere Sicherheit" ist ein politischer Begriff, der in keinem Gesetz rechtsverbindlich geregelt ist. Heute bezieht sich Innere Sicherheit (zumeist) auf diejenigen

Maßnahmen, die das gemeinschaftliche Zusammenleben ermöglichen, die öffentliche Sicherheit und Ordnung gewährleisten sowie Staat, Gesellschaft und Bürger vor Kriminalität, politischem Extremismus und Terrorismus bewahren sollen. Den „Staat und seine Bürger vor Bestrebungen zu schützen, welche die Sicherheit, Stabilität und Funktionsfähigkeit der staatlichen Institutionen, die rechtliche, politische, ökonomische und soziale Ordnung eines Staates sowie den Einzelnen als Träger von Bürger- und Menschenrechten gefährden", sei – so Jesse und Urban (2013) – das Ziel. Nach Schubert und Klein (2018) bezeichnet Innere Sicherheit „staatliche Einrichtungen und Organe (Polizei) sowie soziale Maßnahmen, die zum Schutz von Leben und Eigentum der Bürger und Bürgerinnen und zur Aufrechterhaltung der öffentlichen Ordnung beitragen." Der über das Gewaltmonopol verfügende Rechtsstaat ist für die Gewährleistung der Inneren Sicherheit verantwortlich und baut hierfür ein System von Polizei-, Justiz- und Geheimdienstbehörden auf, die exekutiv für die Innere Sicherheit verantwortlich sind.

Dass sich dieses Verständnis von Innerer Sicherheit heute weitgehend durchgesetzt hat, war Ende der 1960er und Anfang der 1970er Jahre, als der Begriff verstärkt aufkam, keinesfalls absehbar. Im Schatten des Kalten Krieges, im Rahmen der Diskussion zu den Notstandsgesetzen und unter dem Eindruck gewalttätiger Unruhen der Studentenbewegung wurde der Begriff entwickelt. Die damalige Sicherheitsdiskussion war häufig mit Fragen der Systemkritik an Kapitalismus, Westbindung, Notstandsgesetzen und Sozialismusfurcht verbunden, sodass die Politik der Inneren Sicherheit primär auf den Staat und dessen Gefährdung durch die inneren Gegner, z. B. linke Studenten, bezogen wurde. Die äußere Sicherheit war in diesem Diskurs durch den Sowjetsozialismus bedroht, sodass in der Zusammenschau die Sicherheitsgefährdung durch gleichermaßen eindeutig wie einseitig definierte Gegner erkannt wurde. Die „innerstaatliche Feinderklärung", so Brückner und Krovoza (1972), war Kernbestandteil der Verwendung des Begriffs „Innere Sicherheit". Deshalb waren es denn auch vor allem eher linke Sozialwissenschaftler und Juristen, die den Begriff wegen der politischen Schlagseite ablehnten und über viele Jahre allenfalls in Anführungsstrichen nutzten. Andere greifen auf andere Termini, wie z. B. „öffentliche Sicherheit" zurück oder nutzen – je nach Verwendungszweck – die aus dem angelsächsischen Sprachraum stammenden Begriffe von *public safety* oder *public security*.

In der aktuellen, eher pragmatisch ausgerichteten politischen und politikwissenschaftlichen Sicherheitsdiskussion wird der Begriff der Inneren Sicherheit inzwischen selbstverständlicher benutzt und wird auch der damit verbundene Abgrenzungscharakter zur Äußeren Sicherheit, deren Bedrohungen und Schutzaktivitäten geschätzt.

Bei der Äußeren Sicherheit geht es um die Gefährdung des Staates und seiner Gesellschaft durch andere Staaten oder staatsähnliche Gebilde bzw. hybride Gruppierungen.[1] Hier ist es Aufgabe des Staates, mit Hilfe

---

[1]Zu denken wäre hierbei z. B. an nicht-staatliche Gruppierungen wie den „Islamischen Staat in Irak und Syrien", der als IS bzw. ISIS großflächige Besetzungen in Irak und Syrien mit teilweisem Aufbau eines staatsähnlichen Gebildes im Bürgerkrieg erkämpfte und zudem für vielfältige Terrorangriffe in vielen anderen Staaten verantwortlich zeichnete.

von militärischen Maßnahmen (z. B. durch Aufbau und Unterhalt einer Armee), durch die Bildung von kollektiven Sicherheitssystemen (z. B. bilaterale Verträge, Bündnisse wie die NATO), mit gegenseitigen vertrauensbildenden Maßnahmen (z. B. Anerkennung von Grenzen) oder mit verschiedenartigen Kooperationen, z. B. im Bereich von Wirtschaft und Kultur, den eigenen Staat und die Gesellschaft zu schützen. Die Herstellung der Äußeren Sicherheit ist eine der wichtigsten Aufgaben des Staates und bildet ein Kernelement des nationalstaatlichen Sicherheitsverständnisses.

Neben dieser Aufgabe zur Herstellung der Äußeren Sicherheit besteht als zweite zentrale Funktion des Staates die Gewährleistung der Inneren Sicherheit. Das politische und das soziale System sollen in ihrer Struktur und Ordnung von Gefährdungen (möglichst) frei gehalten werden. Etwas differenzierter als bei der Äußeren Sicherheit müssen bei der Inneren Sicherheit die Gefährdungsmomente und die gefährdeten Systemelemente betrachtet werden.

• Einen Gefährdungsbereich stellt die Bedrohung des sozialen Systems durch die „traditionelle" Kriminalität dar. Die physische und psychische Integrität der Menschen wird durch Raub, Körperverletzung, Vergewaltigung, Mord und Totschlag, sexuelle Übergriffe u. a. geschädigt. Diebstahl und Betrug, Cyberkriminalität oder Wohnungseinbruch belasten die finanziellen und materiellen Güter von Individuen und Unternehmen. Diese (und andere) Taten stören die Sicherheit der Menschen, erzeugen Angst und Misstrauen, gefährden den Zusammenhalt des Gemeinwesens, führen zu Schädigungen und belasten die individuellen Freiheiten.

- Auch kann z. B. das politische System bedroht sein. Die freiheitlich-demokratische Grundordnung der Bundesrepublik Deutschland mit ihrem System der Grundrechte, ihrer pluralistischen Gesellschaftsordnung und ihrem Anspruch auf Rechts- und Sozialstaatlichkeit kann durch politischen Extremismus gefährdet sein. Sowohl der Links- wie der Rechtsextremismus sind sich einig in der Ablehnung dieser Grundordnung, wobei sie in sehr unterschiedlicher Weise verschiedene Elemente dieser Ordnung zum „Aufhänger" ihrer Bekämpfung des politischen Systems hervorheben. Das Ziel des politischen Extremismus ist es, das politische und mittelbar auch das soziale System einem fundamentalen Umbruch zuzuführen, eine gänzlich andere Struktur aufzubauen und die pluralistisch-demokratische Ordnung abzuschaffen.

- Wenn Wirtschaftsbetriebe rechtswidrig Subventionen erschleichen, ihren umweltgefährdenden Abfall illegal ‚entsorgen' oder sich mit Hilfe von Bestechung korrupter Beamter Aufträge sichern, so greifen sie die Grundprinzipien der Marktwirtschaft an und gefährden Struktur und Ordnung des wirtschaftlichen Systems.

- Kriminelle, die sich in größeren ‚Familien' oder ‚Firmen' organisieren, mafiaähnliche Gesellschaften gründen und professionalisiert Menschenhandel, Drogendeals, und Waffenschmuggel betreiben, Falschgeld in Umlauf bringen, ihre aus Kriminalität stammenden Gewinne „waschen" und in legale Betriebe investieren, schaffen sich Möglichkeiten, sowohl das politische, ökonomische als auch das soziale System der Gesellschaft zu beeinflussen, vielleicht sogar zu kontrollieren oder zu prägen.

Sehr unterschiedlich sind also die Gefährdungen der Inneren Sicherheit. Das soziale, politische und wirtschaftliche System können einzeln oder in ihrer Gesamtheit bedroht werden. Es ist dabei gleichermaßen gesellschaftliches Interesse wie auch staatliche Aufgabe, die Gefährdungen zu minimieren, bzw. zu versuchen, sie gänzlich auszuschließen.

- Für den einzelnen Menschen ist das Bedürfnis nach Sicherheit und Schutz vor Gefahren von großer Wichtigkeit. In modernen Staaten hat er die Sicherungsaufgabe weitgehend an den Staat und dessen Institutionen der Inneren Sicherheit abgegeben: die Polizei soll ihn schützen, die Aufgabe der Strafverfolgung ist an die Polizei und die Staatsanwaltschaft delegiert und die Gerichte sollen nach einer kriminellen Tat das Vergeltungs- und Strafbedürfnis des Geschädigten befriedigen.
- Es ist das Interesse der Gemeinschaft, dass Recht und Ordnung aufrechterhalten werden. Ein sicherer Rahmen soll die gesellschaftlichen Freiheiten schützen, soll eine verlässliche Entwicklung der Gemeinschaft ermöglichen. Vom Recht wird erwartet, dass es dem individuellen Verhalten Orientierung gibt, dass es Regelungen für die verschiedenartigsten Konflikte bereitstellt und so die Gesellschaft zusammenhält.
- Die Wirtschaft, als bedeutendes Subsystem in unserem Sozialsystem, fordert Innere Sicherheit ein, damit sie – ähnlich der Gemeinschaft – verlässliche und sichere Rahmenbedingungen für ihr (ökonomisches) Handeln erhält.

- Der Staat schließlich sieht in der Inneren Sicherheit eine seiner vornehmsten Aufgaben. Diese Sicherheit zu gewährleisten gibt ihm Legitimität. Scheitert er an dieser Aufgabe und gelingt es ihm nicht hinreichend, Sicherheit zu schaffen und Rechtsbruch zu verfolgen, so verliert er insgesamt an Handlungsfähigkeit und bürgerschaftlicher Anerkennung.

## 1.1.1 Der politische Begriff der Inneren Sicherheit

Recht komplex sind also die Gefährdungen der Inneren Sicherheit und es gilt auch zu differenzieren, um wessen Sicherheit es jeweils geht. Zur weiteren Annäherung an den politischen bzw. politikwissenschaftlich nutzbaren erweiterten Sicherheitsbegriff kann beispielsweise auf die Arbeiten des Frankfurter Politikwissenschaftlers Christopher Daase zurückgegriffen werden, der seine Überlegungen zwar mit Blick auf die internationale Sicherheit bezog, dessen Systematisierung jedoch auch für die innere Sicherheit gute Orientierung gibt. Er bezieht bei seinen Betrachtungen des Sicherheitsbegriffs vier Dimensionen ein, um einerseits Deutlichkeit herzustellen und zum anderen auch Veränderungen des Begriffs nachvollziehen zu können (2012, S. 24 f.). Wie Abb. 1.1 zeigt, unterscheidet er im Bereich der „Referenzdimension", um wessen Sicherheit es geht und differenziert hier Individuum, Gesellschaft und Staat. Die Problembereiche der Sicherheit werden in der

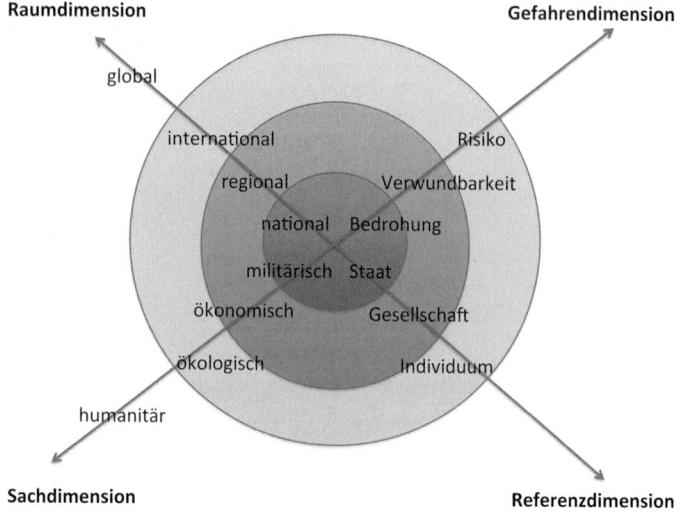

Daase: Sicherheitskultur als interdisziplinäres Forschungsprogramm. (2012, S. 25)

**Abb. 1.1** Dimensionen der Erweiterung des Sicherheitsbegriffs. (Quelle: Daase 2012, S. 25)

„Sachdimension" erfasst und betreffen z. B. humanitäre, ökologische, ökonomische oder militärische Aspekte. In der „Gefahrendimension" geht es um die Konzeptualisierung des Sicherheitsproblems, also beispielsweise die Deutung von Risiken und Bedrohungen oder die Bewertung der Verwundbarkeit. Einzuordnen sind diese in der „Raumdimension", die von der Nation und Region bis in den internationalen und globalen Bereich reicht. Diese Raumdimension wäre für den Bereich der Inneren Sicherheit noch „nach unten" um die lokale Ebene zu erweitern.

**Übersicht**

**Gefahren** sind nicht oder nur bedingt beeinflussbare, Menschen und Sachen beim Gefahreneintritt schädigende Phänomene.
**Bedrohungen** sind von Dritten intendierte Schädigungen.
**Risiko** betrifft die Bewertung der Eintrittswahrscheinlichkeit und des Ausmaßes von möglichen Schädigungen und beeinflusst das Risikoverhalten.

**Innere Sicherheit** kann mit Bezug auf die sprachlichen Ursprünge und unter Nutzung der Dimensionen nach Daase beschrieben werden als (angestrebter) Zustand der Angriffssicherheit (security) von Individuen, Staat und Gesellschaft (Referenz) auf der lokalen bis nationalen Ebene (Raum) vor Bedrohungen (Gefahrendimension) mit kriminellem, extremistischen oder terroristischen Hintergrund (Sachdimension).

Hiermit unterscheidet sich dann die Innere Sicherheit, die hier nur als politischer Terminus erfasst wird, von anderen Bereichen der öffentlichen Sicherheit, die z. B. mit der Betriebssicherheit der Elektrizitätsversorgung verbunden ist oder die Bewältigung von Extremwettern mit Fluten und Erdrutschen erfassen würde.

Aber es wird auch deutlich, dass die Grenzen der Inneren Sicherheit nicht so trennscharf zu ziehen sind, wie es zunächst vielleicht scheint. Internationale Konflikte, die klassisch der Äußeren Sicherheit zuzuordnen wären, wirken sich auf die Innere Sicherheit aus, wenn beispielsweise Kriege wie in Afghanistan oder Syrien den internationalen Terrorismus beeinflussen und Anschläge in Deutschland zur Folge haben. Aber auch Fluchtbewegungen haben die Innere Sicherheit in den Jahren 2015 und 2016 massiv beeinflusst, als beispielsweise Brandanschläge auf Flüchtlingsunterkünfte oder Übergriffe auf Asylbewerber als kriminelle Taten verstärkt zu verzeichnen waren. Cyberkriminalität kann überall auf der Welt begangen werden und in vielen Staaten zu Schädigungen führen. Organisierte und Wirtschaftskriminalität ist in der Mehrzahl der Fälle international angelegt und kann kaum auf allein nationaler Ebene als Problem der Inneren Sicherheit bekämpft werden. Und auch in anderen Bereichen verschwimmen die Grenzen der Sicherheitsbereiche und es ist feststellbar, dass der Sicherheitsbegriff sich erweitert, differenziert und es guter Definitionsarbeit bedarf, um die Innere Sicherheit von anderen Sicherheitsfeldern zu unterscheiden.

## 1.1.2  Rechtliche Aspekte der Inneren Sicherheit

Die Gewährung der Inneren und Äußeren Sicherheit ist eines der konstituierenden Merkmale und elementare Aufgabe von Staatlichkeit. Von Vordenkern moderner Staatlichkeit wie Locke und Hobbes über Sozialwissenschaftler wie Max Weber bis hin zu den Rechtsgelehrten in Universitäten und obersten Bundesgerichten besteht Einigkeit, dass der Staat besondere Schutzpflichten gegenüber dem Staatsvolk habe. Doch während andere Staatsziele und -prinzipien (z. B. Rechts- und Sozialstaatlichkeit) im Grundgesetz der Bundesrepublik Deutschland genannt werden, findet die zugrunde liegende staatstheoretische

Idee zur Inneren Sicherheit keinen expliziten Widerhall in der Verfassung, sondern ist aus anderen Schutzpflichten und Menschenrechten abzuleiten (vgl. Kutscha 2012).

Die Artikel 13, 24 und 35 GG verwenden hingegen den polizeirechtlichen Begriff der „öffentlichen Sicherheit", der aber keineswegs das Konzept der Inneren Sicherheit abdeckt, sondern „die Unverletzlichkeit der Rechtsordnung, der subjektiven Rechte und Rechtsgüter des Einzelnen sowie des Bestandes, der Einrichtungen und Veranstaltungen des Staates oder sonstiger Träger von Hoheitsgewalt" meint (Kugelmann 2012, S. 77). Öffentliche Sicherheit geht damit einerseits über die Innere Sicherheit hinaus, da auch privatrechtliche Ansprüche von Bürger/innen sowie Fragen des Katastrophenschutzes mit erfasst werden. Aber er bleibt hinter ihr zurück, da er als juristische Definition die politische Dimension nicht angemessen abgedeckt und die Komplexität der Sicherheitsproduktion nur bedingt abgebildet wird.

Als Rechtsstaat hat die Bundesrepublik Deutschland trotz des Fehlens der verfassungsmäßigen Formulierungen für die Innere Sicherheit ein sehr umfangreiches Normengeflecht entwickelt.

- Einen Kernbereich des Rechts zur Inneren Sicherheit bildet das materielle Strafrecht. Hier ist vor allem das Strafgesetzbuch (StGB) hervorzuheben, das für wesentliche Bereiche der Kriminalität die Definitionen von Delikten und die Strafhöhen beschreibt. Dabei werden nicht nur die Delikte der Kriminalität im allgemeinen Verständnis erfasst (z. B. Diebstahl, Körperverletzung, Raub etc.), sondern auch Vergehen und Verbrechen beschrieben, die mit den Phänomenen des politischen Extremismus (z. B. § 130 Volksverhetzung) in Zusammenhang stehen oder auch die Bildung terroristischer Vereinigungen erfassen. Neben dem StGB sind in vielerlei anderen Gesetzen strafrechtliche Normen zu finden, die für die Innere Sicherheit besondere Relevanz haben (Waffengesetz, Betäubungsmittelgesetz u. v. a. m.).

- Im Zentrum des formellen Rechts zur Inneren Sicherheit steht die Strafprozessordnung (StPO), die z. B. die wesentlichen Zuständigkeiten und Kompetenzen von Strafverfolgungsbehörden, Rechte und Pflichten von Beschuldigten und gerichtliche Strukturen und Verfahren klärt.

- Das Handeln der staatlichen Akteure im Politikfeld der Inneren Sicherheit wird in diversen Normen geregelt. Auf der Bundesebene sind hier beispielhaft das Gesetz für die Bundespolizei, das „Gesetz über das Bundeskriminalamt und die Zusammenarbeit des Bundes und der Länder in kriminalpolizeilichen Angelegenheiten" oder das „Gesetz über die Zusammenarbeit des Bundes und der Länder in Angelegenheiten des Verfassungsschutzes und über das Bundesamt für Verfassungsschutz" (BVerfSchG) zu nennen.

- Da der Bund jedoch im Bereich der Inneren Sicherheit nur begrenzte operative Kompetenzen hat und die Aufgaben des Sicherheitsakteurs Polizei ganz überwiegend bei den Ländern liegen, sind die Polizeigesetze der Länder hervorzuheben. Zwar haben die Länder ein weitgehend gemeinsames Verständnis von Polizei, ihren Aufgaben und Kompetenzen erarbeitet, doch zeigen sich in den Polizeigesetzen sowie den Polizeiorganisationsgesetzen noch deutliche

Unterschiede (z. B. hinsichtlich des Datenschutzes, der Reglungen zum polizeilichen Zwang oder des „finalen Rettungsschusses").

Nachdem bereits in den 1970er Jahren unter dem Eindruck des RAF-Terrorismus in Deutschland die Sicherheitsgesetze massiv verändert wurden, setzte nach den 9/11-Anschlägen erneut eine intensive Phase der Gesetzgebung bzw. -änderung ein. Ein erheblicher Anteil der Änderungen erfolgte in den bestehenden Gesetzbüchern und betraf vor allem Fragen der Datenverarbeitung und des Datenaustausches sowie der Kompetenzen von Polizeien und Nachrichtendiensten. Aber auch in anderen Gesetzen wie z. B. dem Passgesetz, dem Vereinsrecht, im Asyl- und Ausländerrecht wurden mit Verweis auf Probleme der Inneren Sicherheit Änderungen vollzogen. Stand bei einigen Gesetzen die strafrechtliche Würdigung im Vordergrund und wurden Kompetenzen der Strafverfolgung neu geordnet, so haben in einem Großteil der Gesetze die Gefahrenabwehr und die Prävention Priorität, die sich vor allem aus dem Wissen und aus Informationen über mögliche (Straf- oder Terror-) Taten ergeben soll. Dies führt zu einer deutlichen Ausweitung der Kompetenzen staatlicher Akteure im Bereich der Kontrolle und Überwachung (Video-/Audioüberwachung, Vorratsdatenspeicherung, IT-Überwachung u. a.). Die sicherheitspolitische Debatte dreht sich darum vor allem um die Frage der Entwicklung Deutschlands zu einem kontrollierenden Präventionsstaat (vgl. beispielsweise Albrecht 2010; Gusy 2007). Auch diese Verschiebungen in den Rechtsgrundlagen sind ein Indikator für die oben angesprochene Erweiterung des Sicherheitsbegriffs.

## 1.2    Ausblick auf das Buch

Nach dieser kurzen Annäherung an den Begriff und die Dimensionen der Inneren Sicherheit widmet sich das zweite Kapitel den Problemfeldern der Inneren Sicherheit, wobei hier die Hauptfelder der Kriminalität, der politische Extremismus sowie der nationale und internationale Terrorismus in den Blick genommen werden. Offizielle Statistiken und Berichte werden herangezogen und mit wissenschaftlichen Zugängen und Modellen problematisiert, um einen Blick auf die Risiko- und Gefährdungslage zu gewinnen. Auch die bürgerschaftliche Einstellung zur Inneren Sicherheit und die Erwartungen an die Sicherheitsgewährung werden unter dem Aspekt der Subjektiven Sicherheit thematisiert.

Kap. 3 konzentriert sich auf die Polity und Policy der Sicherheitsarbeit in Deutschland. Da im Bereich der Inneren Sicherheit eine Domäne der Exekutive besteht, werden die Hauptakteure der staatlichen Sicherheitsarbeit, u. a. die Polizei und Nachrichtendienste, betrachtet. Die Parteien sind wesentlich an der Politikformulierung beteiligt. Wie sie zu Fragen der Inneren Sicherheit stehen, wird anhand von Wahlprogrammen erläutert. Wachsend ist die Bedeutung des privatwirtschaftlichen Sicherheitsgewerbes, das ebenfalls in diesem Kapitel vorgestellt wird. Im Bereich der Inneren Sicherheit sind nur wenige zivilgesellschaftliche Organisationen aktiv, die aber hier gewürdigt werden, bevor der Blick auf Entgrenzungen der Sicherheitsarbeit gerichtet wird, wenn es um kooperative Sicherheit sowie die Trends der Europäisierung und Internationalisierung der Kriminalitäts- und Terrorismusbekämpfung geht.

Im abschließenden Kap. 4 werden einige der derzeitigen Probleme der Inneren Sicherheit wie auch der Forschung zur Sicherheit diskutiert. Im Zentrum steht dabei die Frage nach Maß, Ziel und Gestaltung der Sicherheitsproduktion. Zudem geht es um die Gestaltung der Sicherheitsarchitektur und die veränderte Sicherheitskultur sowie die Fragen, welche Ansätze benötigt werden, um die Innere Sicherheit in Deutschland zu verbessern.

---

**Zum Nach- und Weiterdenken**

Sortieren Sie an einem selbst gewählten Beispiel aus Ihrem Alltag (Wohnen, Verkehr, Freizeit, …) die Sicherheitsfacetten Safety, Security und Certainty. Wo sind die Grenzen klar, wo schwierig zu erkennen?

Ordnen Sie unter Nutzung des Dimensionen-Modells von Daase[2] folgende Phänomene ein:

- Der frühere SPD-Verteidigungsminister Peter Struck sagte im Kontext der Debatte um den Afghanistan-Krieg: „Unsere Sicherheit wird nicht nur, aber auch am Hindukusch verteidigt, wenn sich dort Bedrohungen für unser Land, wie im Falle international organisierter Terroristen, formieren."
- Das rechtsextreme Netzwerk „Blood and Honour" unterstützte die Terrorzelle National-Sozialistischer Untergrund (NSU), die zwischen 2000 und 2007 für zehn Morde an zumeist türkischen Mitbürgern in Deutschland und diverse Raubüberfälle und Sprengstoffanschläge verantwortlich waren.

---

[2]Wer sich noch näher mit dem Argumentationshintergrund des Modell befassen möchte findet eine kurze Darstellung in: Christopher Daase: Wandel der Sicherheitskultur. In Aus Politik und Zeitgeschichte, Heft 50/2010, S. 9–16; URL: http://www.bpb.de/system/files/pdf/1EH2QT.pdf.

- Während der Silvesternacht 2015/2016 gab es am Kölner Bahnhofvorplatz und dem Domplatz massive sexuelle und räuberische Übergriffe von meist nicht-deutschen jungen Männern auf Frauen.
- Ein deutscher Autokonzern nimmt illegale Manipulationen an Dieselmotoren vor, sodass ein überhöhter Ausstoß giftiger Abgase erfolgt.

Wie bewerten Sie die Nutzbarkeit des Modells?

### Literatur zum Weiterlesen und Vertiefen

Die wissenschaftlichen Diskussionen zur Erfassung und Definition von Innerer Sicherheit sind vielfältig – und auch abweichend von der hier vorgenommenen Einordnung. Interessante Ansätze finden sich beispielsweise in den Publikationen

Kunz, Thomas (2015): Der Sicherheitsdiskurs: die innere Sicherheitspolitik und ihre Kritik. Bielefeld: transcript.
Lange, Hans-Jürgen (1999): Innere Sicherheit im Politischen System der Bundesrepublik Deutschland. Opladen: Leske + Budrich.
Wenzelburger, Georg: (2015). Die Politik der Inneren Sicherheit. In: Wenzelburger, Georg und Reimut Zohlnhöfer (Hrsg.): Handbuch Policy-Forschung. Wiesbaden. Springer VS, S. 663–698.

# 2

# Themenfelder der Inneren Sicherheit

**Zusammenfassung** In diesem Kapitel wird der Blick auf Problemfelder der Inneren Sicherheit gerichtet. Aufbauend auf die Statistiken und Berichte der Sicherheitsbehörden wird die „offizielle" Deutung der Sicherheitslage vorgestellt und problematisiert. Im Fokus stehen hierbei in Abschn. 2.1 die Kriminalität mit der allgemeinen Kriminalitätslage sowie der Organisierten Kriminalität sowie (Abschn. 2.2) der Themenbereich Extremismus inklusive der Politisch motivierten Kriminalität und (Abschn. 2.3) der Terrorismus. Die Statistiken und Lagebilder versuchen, ein „objektives" Bild der Belastungen und Gefahren zu vermitteln. Dieses wird in Abschn. 2.4 kontrastiert mit den Erkenntnissen zur „subjektiven Sicherheit", also den Einschätzungen und vielfach Ängsten der Bevölkerung. Die Daten zu beiden Bereichen weichen deutlich voneinander ab.

© Springer Fachmedien Wiesbaden GmbH, ein Teil von Springer Nature 2018
B. Frevel, *Innere Sicherheit,* Elemente der Politik,
https://doi.org/10.1007/978-3-658-20247-7_2

## 2.1   Kriminalität

Die Kriminologie, also die Wissenschaft, die sich mit der ‚Lehre vom Verbrechen' befasst, steht immer wieder vor der Herausforderung, ihren Gegenstand zu definieren, ein- und abzugrenzen. Der Wortursprung von *crimen* liegt im Lateinischen und wird mit Beschuldigung, Anklage, Schuld und Verbrechen übersetzt. Hans-Dieter Schwind (2016) differenziert in einen natürlichen, einen soziologischen (materiellen) sowie einen strafrechtlichen (formellen) Kriminalitätsbegriff.

### Kriminalität

Bei dem *natürlichen* Kriminalitätsbegriff geht es um die bei den Menschen tief verwurzelten und in fast allen Zeiten und Kulturkreisen gültigen Vorstellungen von verwerflichen Handlungen. Hierzu zählen z. B. Diebstahl, Mord, Vergewaltigung, Raub.

Der *soziologische* Kriminalitätsbegriff rückt hingegen die von den verschiedenen Gesellschaften entwickelten Vorstellungen von abweichendem Verhalten und deren Wandel in den Blick. Kriminalität wird verstanden als gesellschaftliches Konstrukt vom richtigen bzw. falschen Verhalten. Ein soziales Handeln kann zu einer Zeit oder in einer Gesellschaft als Verbrechen gelten und zu einer anderen Zeit oder in einer anderen Gesellschaft als richtig oder normal. Beispielhaft kann auf Homosexualität verwiesen werden, die heute in Deutschland anerkannt ist und in einer Ehe ausgelebt werden darf, aber bis 1969 als Straftat galt. Andererseits galt die Erzwingung des ehelichen Beischlafs als gerechtfertigt und wurde im Rahmen der Erfüllung der ehelichen Pflichten akzeptiert, aber 1997 als Straftatbestand „Vergewaltigung in der Ehe" kriminalisiert.

Der *strafrechtliche* Kriminalitätsbegriff lässt die Fragen der gesellschaftlichen Konstruktion unberücksichtigt und erfasst das als Verbrechen und Vergehen, was in den Strafgesetzen als solches aufgeführt ist. Diese Strafgesetze bilden die Grundlage für die Kriminalitätskontrolle und Strafverfolgung, die von den Polizeien, Staatsanwaltschaften und Gerichten ausgeübt wird. Dieser Begriff wird den Kriminal- und Strafverfolgungsstatistiken zugrunde gelegt.

## 2.1.1 Die Kriminalitätslage und -entwicklung in der Polizeilichen Kriminalstatistik

Alles, was die Polizeien des Bundes und der Länder sowie der Zoll an Kriminalität und strafrechtlichen Sachverhalten angezeigt bekommen oder selbst kontrollierend ermitteln, wird in der vom Bundeskriminalamt (BKA) erstellten Polizeilichen Kriminalstatistik (PKS) zusammengefasst. Die Erkenntnisse über die Taten und die Tatverdächtigen, die Opfer und die Schäden werden in nüchternen Zahlen und einigen Erklärungen dargestellt. Um den Aussagewert der einfachen Zählungen zu erhöhen, werden verschiedene beschreibende Statistiken geführt, die sich z. B. damit befassen, welche Entwicklung die Kriminalität allgemein und nach Straftaten spezifiziert im Laufe der Jahre hatte, welche Bevölkerungsgruppen als Tatverdächtige oder Opfer besonders hervortreten oder welche unterschiedliche Verteilung der Taten in den verschiedenen Bundesländern festzustellen ist.

Ziel der Statistik ist es einerseits, für die vorbeugende und verfolgende Verbrechensbekämpfung Grundlageninformationen zu bündeln und damit für organisatorische

Planungen und Entscheidungen der Polizei und Politik zur Verfügung zu stellen. Andererseits sollen auch für die kriminologisch-soziologische Forschung und kriminalpolitische Maßnahmen die Erkenntnisse der wichtigsten exekutiven Träger der Inneren Sicherheit bereitgehalten werden.

Die PKS ist neben der von der Justiz geführten Strafverfolgungsstatistik die bedeutsamste statistische Aufbereitung von Informationen über den kriminellen Stand und die kriminelle Entwicklung.

Gemäß der Zählungen des Bundeskriminalamts stieg die Kriminalitätsbelastung in Deutschland von 3000 Straftaten je 100.000 Einwohner im Jahr 1965 bis 1993 auf über 8300 an, ging dann wieder etwas zurück, überschritt 2004 nochmals die 8000er Marke, pendelte schließlich 2008 bis 2013 bei ca. 7300 Delikten ein und lag 2016 bei 7755. Abb. 2.1 zeigt, dass 2016 insgesamt 6.372.526 Straftaten polizeilich registriert wurden, von denen ca. 56 % aufgeklärt wurden.

Nun zeigt es sich als ein Problem, dass in der Gesamtzahl der erfassten Fälle jedes Delikt gleichartig gezählt wird und die Schwere der Tat unberücksichtigt bleibt, also ein Mord in dieser Erfassung genau so viel zählt wie der Diebstahl eines Lippenstiftes im Supermarkt oder eine Geiselnahme soviel wie die beleidigende Bezeichnung eines Polizisten als „Bulle". Ferner wird nicht deutlich, wie sich die Fälle nach Straftatenhäufigkeiten differenzieren. Dieses wird in einer Rangfolge nach Straftatenanteilen jedoch teilweise sichtbar, wie Tab. 2.1 zeigt.

Ungefähr 40 % der registrierten Straftaten (ohne ausländerrechtliche Verstöße) sind also Diebstahlsdelikte,

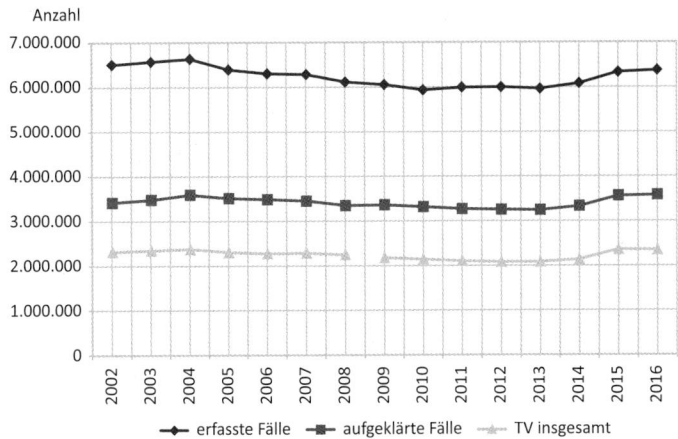

**Abb. 2.1** Straftaten in Deutschland insgesamt (2016). (Quelle: Bundeskriminalamt 2017a, S. 15)

deren Häufigkeit an der registrierten Kriminalität jedoch zwischen 2002 und 2010 eine sinkende Tendenz hatte und nun um die 1,3 Mio. Taten schwankt (vgl. Abb. 2.2). Mehr als jeder vierte Diebstahl *ohne* erschwerende Umstände fällt unter die Rubrik des Ladendiebstahls, wobei wiederum in ca. 70 % der Fälle der ‚Schadenswert'[1] unter 50 EUR liegt.

---

[1]Bei diesen festgestellten Ladendiebstählen und ‚geschnappten' Tätern erhält der Eigentümer die gestohlenen Gegenstände i. d. R. wieder zurück und erleidet keinen Schaden. Der echte Schaden bei nicht-entdeckten Tätern jedoch übersteigt nach Angaben des Einzelhändlerverbandes die in der PKS festgestellten Schadenssummen um ein Vielfaches. Eine Studie des EHI Retail Instituts schätzt den Schaden durch Diebstähle auf rund 3,4 Mrd. EUR, davon 2,26 durch unehrliche Kunden (vgl. https://www.ehi.org/de/pressemitteilungen/weniger-einfacher-mehr-schwerer-ladendiebstahl/ vom 27.06.2017; abgerufen 23.10.2017).

**Tab. 2.1** Rangfolge einzelner Straftatengruppen nach ihren Anteilen an der Gesamtzahl der erfassten Fälle (Bundesgebiet insgesamt 2016)

| Straftaten(gruppen)[a] | Erfasste Fälle | Straftatenanteil in % |
|---|---|---|
| **Straftaten insgesamt** | **6.372.526** | **100,0** |
| **Straftaten insgesamt, ohne ausländerrechtliche Verstöße** | **5.884.815** | **92,3** |
| Diebstahl ohne erschwerenden Umständen | 1.290.481 | 20,3 |
| Diebstahl ohne erschwerende Umstände | 1.083.293 | 17,0 |
| Betrug | 899.043 | 14,1 |
| Sachbeschädigung | 596.367 | 9,4 |
| (Vorsätzliche) leichte Körperverletzung | 406.038 | 6,4 |
| Rauschgiftdelikte | 302.594 | 4,7 |
| Erschleichen von Leistungen | 246.171 | 3,9 |
| Wohnungseinbruchdiebstahl | 151.265 | 2,4 |
| Widerstand gegen die Staatsgewalt und Straftaten gegen die öffentliche Ordnung | 147.502 | 2,3 |
| Gefährliche und schwere Körperverletzung | 140.033 | 2,2 |
| Unterschlagung | 110.967 | 1,7 |
| Urkundenfälschung | 70.191 | 1,1 |
| Raub, räuberische Erpressung und räuberischer Angriff auf Kraftfahrer | 43.009 | 0,7 |
| Sexueller Missbrauch | 22.674 | 0,4 |
| Mord, Totschlag und Tötung auf Verlangen | 2418 | 0,04 |

[a]Die Auflistung ist nicht vollständig
Quelle: Bundeskriminalamt 2017a, S. 19

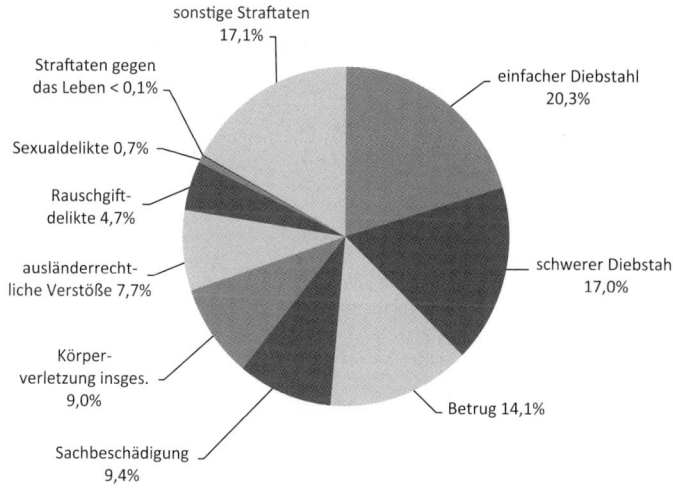

**Abb. 2.2** Straftatenanteile an Straftaten insgesamt (2016). (Quelle: Bundeskriminalamt 2017a, S. 17)

Insgesamt nahm die Kriminalität eine recht unterschiedliche Entwicklung und es kann also nicht von einem durchgängigen Anstieg gesprochen werden. Während in den Deliktbereichen Mord und Totschlag (incl. der Versuche) bis 2015 ein deutlicher Rückgang der Häufigkeit zu verzeichnen ist, die Fälle gegen die sexuelle Selbstbestimmung nach einem deutlichen Rückgang seit 2008 bei ca. 47.000 weitgehend stagnieren, haben beispielsweise die Computerkriminalität und der Computerbetrug sich von 2002 bis 2016 verdoppelt. Die in der Öffentlichkeit häufig diskutierte Straßenkriminalität mit Handtaschenraub, Taschendiebstahl, Sachbeschädigungen auf Straßen, Wegen und Plätzen nahm von 2002 bis 2016 von

1,8 Mio. Taten auf 1,3 Mio. Taten ab (BKA 2017d, S. 8 f., 13 f., 166 f., 179 f.).

Angesichts der in ihrer Häufigkeit und Schwere sehr unterschiedlichen Delikte gebietet sich eine große Vorsicht bei der Interpretation der Erkenntnisse der Polizeien zu den ermittelten Tatverdächtigen. Werden die Tatverdächtigen grob nach Alterskohorten unterteilt, so liegt der Schwerpunkt eindeutig bei den Erwachsenen, wie Abb. 2.3 zeigt. Wird hingegen errechnet, wie viele Tatverdächtige je 100.000 Einwohner der gleichen Altersgruppe auffielen, so zeigen junge Menschen die größte

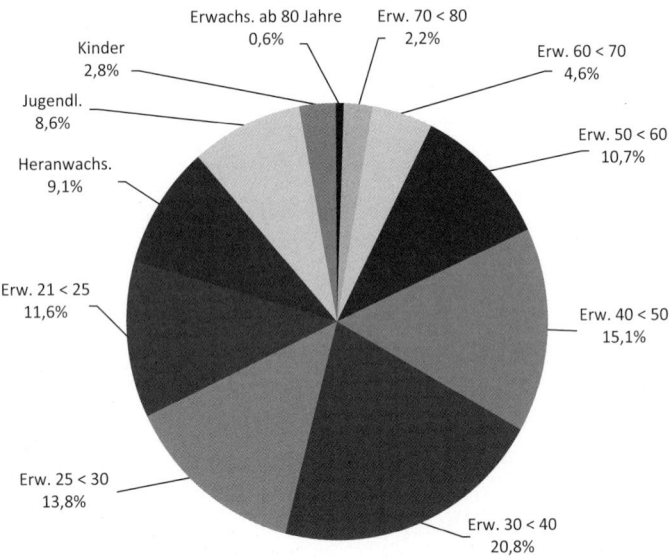

**Abb. 2.3** Tatverdächtige nach Altersgruppen (Straftaten insgesamt ohne ausländerrechtliche Verstöße). (Quelle: Bundeskriminalamt 2017c, S. 21)

Tatverdächtigenbelastungszahl. Aber sie fallen eher mit Bagatelldelikten wie Ladendiebstahl, Sachbeschädigung und leichter Körperverletzung auf, während schwere Taten eher von Älteren begangen werden. Über fast alle Deliktsbereiche werden deutlich mehr Männer als Frauen polizeilich auffällig.

In mehreren Deliktsbereichen sind mehr nichtdeutsche Tatverdächtige ermittelt worden als es ihrem Anteil an der Wohnbevölkerung entspricht. Überdurchschnittlich sind Nichtdeutsche ‚naturgemäß' mit bald 100 % bei Straftaten gegen das Ausländergesetz und das Asylverfahrensgesetz vertreten. Gegen diese Gesetze können i. d. R. nur Ausländer verstoßen, wenn sie z. B. illegal über die deutschen Grenzen einreisen (oder dies versuchen) oder wenn sie als Asylbewerber den ihnen zugewiesenen Aufenthaltsbereich verlassen (hierzu genügt auch schon der Familienbesuch in einem anderen Landkreis oder Bundesland). Mit den Versuchen der illegalen Einreise und zur Sicherung eines gesicherten Aufenthaltsstatus hängen Delikte im Bereich der Urkundenfälschung zusammen.

Aber selbst wenn die ausländerspezifischen Delikte aus der Zählung herausgenommen werden, um einen Vergleich mit der Kriminalität der Deutschen zu ermöglichen, verbleibt in mehreren Deliktsfeldern eine höhere Kriminalitätsbelastung von Nichtdeutschen und Zugewanderten. Doch wiederum muss auf die Problematik der Statistik verwiesen werden. Eine echte Tatverdächtigenbelastungszahl ist nicht errechenbar, da die Bezugsgrößen zur Bevölkerungsstatistik fehlen. Die Statistiker vom BKA (2017c, S. 9) stellen fest: „Die tatsächliche Belastung von hier lebenden Nichtdeutschen im Vergleich zu den

Deutschen ist aus mehreren Gründen nicht bestimmbar. Das doppelte Dunkelfeld in der Bevölkerungs- und in der Kriminalstatistik, der hohe Anteil ausländerspezifischer Delikte und die Unterschiede in der Alters-, Geschlechts- und Sozialstruktur stehen einem wertenden Vergleich entgegen."

Diese Feststellung zur Begrenzung der Aussagekraft der Polizeilichen Kriminalstatistik ist nicht die einzige. Auch an anderen Stellen des Zahlenberichts wird auf Verzerrungen verwiesen. Erfasst werden in dieser Statistik nämlich nur die der Polizei durch Anzeigen oder eigene Kontrollen bekannt gewordenen Delikte und die ermittelten Tatverdächtigen. Neben dem offiziellen PKS-Hellfeld befindet sich – wie Abb. 2.4 zeigt – das relative Dunkelfeld mit einigen Überschneidungen zum Hellfeld. In diesem Bereich, der durch sog. Dunkelfeldforschung ausgeleuchtet wird, finden sich z. B. Delikte, bei denen die Opfer auf eine Anzeige verzichtet haben, wie z. B. die leichte Körperverletzung, bei der das Opfer mit dem sprichwörtlichen blauen Auge davonkam, der versuchte Einbruch, bei dem der Täter gestört wurde und ohne richtigen Schaden anzurichten unerkannt entkam oder die vielen kleinen Delikte, bei denen Opfer und Täter einander kennen und bei denen erfolgreich auf eine interne Lösung des durch die Tat ausgelösten Konflikts gesetzt wurde. Dieses Graufeld wird in *crime surveys* mittels Bevölkerungsbefragungen beleuchtet, wobei die Bürger nach Opfererfahrungen und ihrem Anzeigeverhalten befragt werden.

Noch größer als das durch *crime surveys* aufgehellte relative Dunkelfeld dürfte das absolute Dunkelfeld der Kriminalität sein, über das nicht berichtet wird: dies

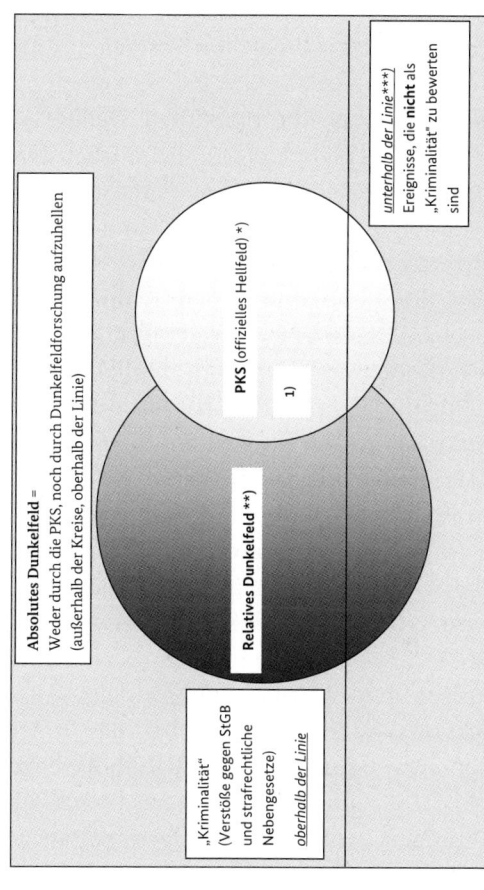

**Absolutes Dunkelfeld =**
Weder durch die PKS, noch durch Dunkelfeldforschung aufzuhellen
(außerhalb der Kreise, oberhalb der Linie)

PKS (offizielles Hellfeld) *)

1)

**Relatives Dunkelfeld\*\*)**

_unterhalb der Linie\*\*\*)_
Ereignisse, die **nicht** als
„Kriminalität" zu bewerten
sind

„Kriminalität"
(Verstöße gegen StGB
und strafrechtliche
Nebengesetze)
_oberhalb der Linie_

1)  Die Schnittmenge zwischen relativem Dunkelfeld und PKS sind angezeigte und polizeilich registrierte sowie in Dunkelfeldstudien berichtete Straftaten.

\*)  Angezeigte und registrierte, nicht in Dunkelfeldstudien erfasste Kriminalität (z.B. „opferlose" Straftaten, Straftaten gegen z.B. Reisende, Kinder oder Randgruppen, vollendete Tötungsdelikte).

\*\*)  Z.B. durch Crime Surveys aufgehelltes Dunkelfeld.

\*\*\*)  Hier werden Ereignisse wiedergegeben, die strafrechtlich nicht als Kriminalität bewertet, aber von Befragten als Kriminalität berichtet bzw. von der Polizei (PKS) als Kriminalität erfasst wurden.

**Abb. 2.4**  Hell- und Dunkelfeld der Kriminalität. (Quelle: BKA 2017a, S. 7)

reicht vom „perfekten Mord", der als normaler Todesfall betrachtet wird, über Verbrechen an Verbrechern, die sich hüten, wegen einer Körperverletzung oder eines schweren Diebstahls in Kontakt mit der Polizei zu treten, bis zu der inventurbedingten Feststellung von starkem Ladendiebstahl, der aber weder zeitlich noch gar persönlich eingegrenzt werden kann. Auch die opferlosen Delikte wie illegale Einreise, Urkundenfälschungen, heimlicher Drogenkonsum und vieles andere werden nicht erfasst.

Das relative Verhältnis von Hell-, Grau- und Dunkelfeld ist alles andere als statisch, sondern je nach Delikten, dem Rechtsgefühl der Bevölkerung, den Rahmenbedingungen polizeilicher Arbeit sowie weiterer Faktoren (wie z. B. auch dem Vertrauen des Bürgers in die Polizei) sehr unterschiedlich. Wesentlichen Einfluss hat das Anzeigeverhalten der Bürger, das direkten Einfluss auf die Größe des Hellfeldes und damit auch auf die registrierte Kriminalität hat. Die in der PKS dokumentierte Steigerung oder auch Abnahme von Kriminalität muss also nicht mit tatsächlichen Veränderungen in der Delikthäufigkeit einhergehen.

Doch nicht nur die Anzeigen aus der Bürgerschaft beeinflussen die Größe der registrierten Kriminalität. Auch Veränderungen in der Kontrolltätigkeit der Polizei wirken sich direkt aus. Will die Polizei z. B. das örtliche Drogenmilieu in einer Großstadt vom Bahnhof vertreiben, wird sie dort intensiver kontrollieren, Dealer und Fixer stärker verfolgen, vermehrt Anzeigen ausfertigen und im Rahmen der Kontrolle auch anderen Straftaten und Verstößen gegen strafrechtliche Nebengesetze nachspüren, sodass durch diese Arbeit die Deliktzahlen erhöht werden. Umgekehrt kann es sein, dass die Polizei z. B. aus

Personalmangel oder in Erwartung kommender Entkriminalisierung von Delikten auf Kontrollen verzichtet und damit Deliktzahlen senkt. Die Toleranzbreite der Strafverfolger hat also unmittelbare Wirkung auf die registrierte Kriminalität.

Die Größe des Hell- bzw. Dunkelfeldes ist demnach von mehreren Variablen abhängig, sie ist politisch, polizeilich und auch durch Medienberichterstattungen beeinflussbar – und damit auch manipulierbar. Ein „objektives" Bild der Kriminalität kann die PKS nicht zeichnen.

Die Polizeiliche Kriminalstatistik beschreibt als „Ausgangsstatistik" die kriminalpolizeiliche Arbeit: welche Delikte wurden polizeilich erfasst, wer waren die Opfer, welche Schäden wurden ausgelöst, konnten Tatverdächtige ermittelt werden? Diese Erkenntnisse werden der Staatsanwaltschaft übermittelt, die über die weiteren Schritte der Strafverfolgung entscheidet. Erst ein ordentliches Gericht kann dann im Strafverfahren über die Täterschaft befinden.

Zwar sind – mit allen Vorbehalten gegen die Aussagekraft der PKS – die Daten schon informativ und geben auch durchaus Hinweise über Entwicklungen der Kriminalität, doch bedürfen die gewonnenen Informationen auch einer weiteren Interpretation und Aufbereitung. Dies wird einerseits von den Kriminalwissenschaften, also Kriminologie, Kriminalistik, Strafrechtswissenschaft geleistet, andererseits bereiten die Polizeien auch selbst die Daten weiter auf, bündeln ihre Erkenntnisse und nutzen hierfür kriminalistisch-kriminologische Theorien und Modelle. Im Polizeijargon wird dies als Erstellung eines „Lagebildes" bezeichnet. Das Bundeskriminalamt legt einige dieser

Lagebilder auch der Öffentlichkeit vor, z. B. zur Falschgeldkriminalität, Cybercrime, Korruption, Menschenhandel, Rauschgiftkriminalität, Kriminalität im Kontext von
Zuwanderung, Kfz-Kriminalität, Gewalt gegen Polizeivoll-
zugsbeamt/innen oder zur Organisierten Kriminalität.

Aus wissenschaftlicher Sicht ist es höchst bedauer-
lich, dass Ansätze zur reflektierteren Analyse der Kriminalität und Strafverfolgung so spärlich vorgelegt werden.
Der im Jahr 2000 erstmals vorgelegte Periodische Sicher-
heitsbericht, der Daten und kriminologische Analysen
verknüpfte, wurde nur im Jahr 2006 neu aufgelegt. Die
Periodizität war somit sehr gering.

## 2.1.2  Wirtschafts- und Organisierte Kriminalität

Hat sich der öffentliche Fokus in den letzten Jahren vor
allem auf die Bedrohungen durch Extremismus und
Terrorismus verlagert, so sind doch Problembereiche, die
der Wirtschafts- und Organisierten Kriminalität zugeordnet werden können, auch immer wieder Gegenstand
der Kriminalpolitik und der öffentlichen Betrachtung,
wenn z. B. über Waffenhandel und Kinderpornografie im
Darknet berichtet wird, Korruptionsskandale, der Verkauf
von Kriegswaffen oder Atomtechnologie aufgedeckt
oder die Aktivitäten der „Finanzmafia" (Stichwort: die
„Panama-Papers"- sowie „Paradise-Papers"-Skandale 2017)
auffliegen.

Diese Aufmerksamkeit gewinnen sie durch das besondere Maß an krimineller Energie, das die Täter aufwenden.

Nicht der Diebstahl aus momentanem Bedürfnis, die Körperverletzung im Affekt, die Sachbeschädigung im Rahmen einer jugendlichen Mutprobe steht hier im Vordergrund, sondern das geplante, professionell organisierte, zielgerichtete, kalkulierte und mit hohem Aufwand strukturierte Verbrechen steht hier zur Debatte. Hohe Schadenssummen (für 2016 errechnet das Bundeskriminalamt (2017e) bei 563 OK-Verfahren einer Schadenshöhe von 1,01 Mrd. EUR und einem geschätzten Gewinn von 840 Mio. EUR) markieren nur eine Seite des zugrunde liegenden Problems. Besorgnis erregt die Wirtschafts- und Organisierte Kriminalität vor allem durch die von ihr ausgehenden Gefahren für das marktwirtschaftliche und das politische System der Bundesrepublik Deutschland.

In der kriminalpolitischen und kriminologischen Diskussion wird weiter darüber gestritten, ob Wirtschafts- und Organisierte Kriminalität wegen großer Ähnlichkeit der Delikte gleichgesetzt werden können oder ob das eine nur ein Teilbereich des anderen sei. Und tatsächlich verschwimmen die Grenzen zwischen diesen Kriminalitätsformen. Eine Differenzierung lässt sich mit der Abgrenzung anhand des gewinnbringendsten Tätigkeitsfeldes der Kriminellen vorzunehmen: So erstreben Wirtschaftskriminelle ihre Gewinne hauptsächlich in der legalen wirtschaftlichen Tätigkeit und versuchen, diese durch den Einsatz krimineller Mittel zu fördern. Während also die Produktion von Gütern oder die Erbringung von Dienstleistungen den überwiegenden und legalen Kern der wirtschaftlichen Betätigung darstellt, wird z. B. durch Betrug, Subventionsbetrug, Korruption und Bestechung, illegale Beschäftigung, Bilanzfälschung u. a. die Erhöhung des Gewinns angestrebt. Die Kriminalität ‚ergänzt' die normale Tätigkeit. Für die Organisierte Kriminalität steht hingegen die kriminelle Gewinnerzielung im Vordergrund. Aus verschiedensten strafrechtlich relevanten Bereichen werden Gewinne ‚erwirtschaftet'. Diese illegalen Gelder werden jedoch nicht selten in legale Geschäfte investiert, um so diese Finanzen zu ‚waschen' (d. h. die illegale Herkunft zu verschleiern) oder auch, um aus der Tarnung durch ein legales Unternehmen noch leichter kriminell agieren zu können. Hier ergänzt das legale Wirtschaften die kriminelle Arbeit.

Es ist aber nicht nur schwierig, eine klare Unterscheidung von Wirtschafts- und Organisierter Kriminalität zu ziehen. Ebenso problematisch ist die Definition von OK selbst, wobei hier gern gesagt wird: „Ich weiß, was es ist, kann es aber nicht erklären!" Die Antwort auf die Frage, was OK ist,

> ist nicht leicht, denn es handelt sich jedenfalls nicht um ein für den unbefangenen Beobachter klar abgrenzbares, zusammenhängendes Phänomen. Drogenhandel, Menschenhandel, Mafiosi, Gangster, Rockerbanden und andere Erscheinungen, die nach der einen oder anderen Auffassung dazu gehören sollen, fügen sich nicht von selbst zu einem kohärenten Gesamtbild zusammen. Vielmehr muss ein Zusammenhang erst auf der gedanklichen und begrifflichen Ebene hergestellt werden. Organisierte Kriminalität ist demnach zunächst einmal nur ein konstruierter Begriff – und zwar einer, dem klare Konturen und eine klare Struktur fehlen (von Lampe 2013, S. 3).

Und so setzen Definitionsversuche mal an der Planmäßigkeit und Zielgerichtetheit der kriminellen Handlung, mal an Organisationsprinzipien wie Arbeitsteiligkeit und Hierarchie, mal an der Komplexität der Deliktsfelder an. Die deutschen Strafverfolgungsbehörden verwenden die nachfolgende Definition (die aus sozialwissenschaftlicher Perspektive schon besonders anmutet, da sie fünfmal das Wort „oder" nutzt):

> „**Organisierte Kriminalität** ist die von Gewinn- oder Machtstreben bestimmte planmäßige Begehung von Straftaten, die einzeln oder in ihrer Gesamtheit von erheblicher Bedeutung sind, wenn mehr als zwei Beteiligte auf längere oder unbestimmte Dauer arbeitsteilig unter Verwendung gewerblicher oder geschäftsähnlicher Strukturen, unter Anwendung von Gewalt oder anderer zur Einschüchterung geeigneter Mittel oder unter Einflussnahme auf Politik, Medien, öffentliche Verwaltung, Justiz oder Wirtschaft zusammenwirken" (Bundeskriminalamt 2016, S. 9).

Nach dieser Definition wären auch die meisten Delikte der Wirtschaftskriminalität der OK zuzurechnen. Deutlich wird aber auch, dass unter OK eine sehr große und bunte Mischung von Straftaten verbirgt. Ohne den Anspruch auf Vollständigkeit zeigt folgende Liste der Kriminalitätsfelder die besonderen Arbeitsgebiete der OK: Rauschgifthandel/-schmuggel, Eigentumskriminalität (Wohnungseinbruch, Verschiebung hochwertiger Kraftfahrzeuge), Steuer- und Zolldelikte (Zigarettenschmuggel, Heizöl-/Dieselmanipulation), Kriminalität im Zusammenhang mit dem Wirtschaftsleben (Betrug, Anlagedelikte, Markenpiraterie), Schleuserkriminalität, Gewaltkriminalität (z. B. Rockerkriminalität), Cybercrime (Verbreitung Schadsoftware,

Ransomware, Identitätsdiebstahl), Fälschungskriminalität
(von Geld, Passpapieren, Kfz-Scheinen), Kriminalität im
Zusammenhang mit dem Nachtleben (vor allem Zwangs-
prostitution), Geldwäsche, Umweltkriminalität (illegale
Herstellung und Vertrieb von Lebens- und Arzneimitteln),
Korruption, Waffenhandel-/schmuggel.

Die „traditionellen" Gebiete der Organisierten Kriminalität, die sich vorwiegend auf das sog. Rotlichtmilieu
mit Prostitution, Zuhälterei und Glücksspiel einerseits
und die Drogenkriminalität mit Schmuggel und Deale-
rei andererseits bezogen, sind um verschiedene „moder-
nere" Delikte erweitert worden. Gewalt, Drohung und
Erpressung gehören zwar immer noch zu Markenzeichen
dieser Kriminalitätsform, aber die Bedeutung von „sub-
tileren" Methoden zur Zielerreichung ist stark gestiegen.
Korruption und Bestechung dienen der Einflussnahme;
hoch spezialisierte Gruppenmitglieder übernehmen hoch
qualifizierte Taten, die präzise geplant und technologisch
aufwendig durchgeführt werden; die Vermischung von
legalen und kriminellen Geschäften soll die saubere Fas-
sade wahren; gesteuerte, tendenziöse oder von einem
bestimmten Tatverdacht ablenkende Presse- und Öffent-
lichkeitsarbeit soll die Meinungsbildung beeinflussen.

Die Organisierte Kriminalität in Deutschland wird zunehmend profitorientierter, professioneller, arbeitsteiliger und
insgesamt geschickter und effizienter. Für die Schlüsselstel-
lungen werden in den OK-Gruppen Fachleute gewonnen,
die mit juristischen, betriebswirtschaftlichen und steuer-
rechtlichen Kenntnissen, mit technologischem Wissen oder
Erfahrungen mit Computern, Kommunikationstechnik und
Logistik über hohe Kompetenzen verfügen. Es ist jedoch

nicht nur der hohe Professionalisierungsgrad der OK, der den Strafverfolgungsbehörden die Tataufdeckung, Beweissicherung und Täterüberführung erschwert. Eigene Defizite in der personellen und sachlichen Ausstattung, polizeirechtliche Grenzen (z. B. beim Einsatz verdeckter Ermittler, bei der technikunterstützten Beweissicherung) sowie organisatorische Probleme (Zusammenarbeit Länderpolizei, Bundeskriminalamt, Zoll- und Steuerbehörden, Staatsanwaltschaften, ausländische Polizeien) sind zusätzlich zu beachten.

Ein besonders Problem bei der Analyse und Bekämpfung der Organisierten Kriminalität stellt die Europäisierung bzw. Internationalisierung dieser Kriminalität dar. Sowohl der Täter- bzw. Tatverdächtigenkreis als auch die Tatorte sind internationalisiert. Nur in 24,7 % der Fälle, die das BKA (2017e) im „Bundeslagebild OK 2016" aufführt, traten ausschließlich Täter einer einzigen Nationalität auf. In mehr als drei Viertel der vom BKA analysierten Verfahren agierten die OK-Gruppen international, waren also sowohl in Deutschland als auch in mindestens einem anderen Staat kriminell aktiv. Dabei profitieren die OK-Gruppen von unterschiedlichen Rechtsvorschriften und unterschiedlichen Strafverfolgungsstrategien der Polizeien. Insbesondere bei Subventions- und Zollbetrug, Technologietransfer, Kapitalanlagebetrug, Sonderabfall'tourismus', Geldwäsche und Versicherungsbetrug ist die internationalisierte Vorgehensweise unter Ausnutzung der unterschiedlichen Rechtssysteme zu beobachten. Die OK nutzt strategisch die für den legalen Wirtschaftsbereich geschaffenen Strukturen des freien Waren- und Personenverkehrs, die liberale Wirtschaftsgesetzgebung, die Gewerbe- und Niederlassungsfreiheit sowie die ökonomische Globalisierung für ihre kriminellen Ziele aus.

Für weite Teile der Bevölkerung erscheint die Organisierte Kriminalität eher als ein „fernes" Problem, das sie selbst kaum betrifft und deshalb auch nur wenig eigene Gefährdung bedeutet. Kenner der OK-Materie sehen jedoch nicht zu unterschätzende Gefahren, die von dieser ausgehen und verstärkt ausgehen werden. Das Vertrauen in den Rechtsstaat leidet durch nicht geahndete OK-Straftaten: Eines der gesellschaftlichen Probleme ist, dass sich viele der bekannt gewordenen OK-Delikte einer Aufklärung mit strafrechtlicher Sanktionierung entziehen und so durch die offenkundige Folgenlosigkeit für die Täter zur allgemeinen Verunsicherung beitragen. Unzureichende Bekämpfung der OK wäre eine willkommene Angriffsfläche extremistischer Feinde des Rechtsstaates, deren Propaganda es dann leicht hätte, Versäumnisse des Staates bei der OK-Bekämpfung in einen immanenten Fehler des demokratischen Systems schlechthin umzudeuten.

OK beeinflusst Rechtsbewusstsein und Rechtsempfinden: Nicht sanktionierte OK-Delikte tragen zu einem tief greifenden Autoritätsverlust des Rechtsstaates bei. Die im Bereich der OK scheinbar akzeptierten Werte des illegalen Vorteilsstrebens werden umgedeutet und eingepasst in eine herrschende Ideologie, dass Besitz und Konsum die maßgeblichen gesellschaftlichen Leitwerte darstellen. Die Weiße-Kragen-Kriminalität, die sich als Kavaliersdelikte im Bereich der Steuer-, Wirtschafts- und Umweltkriminalität als OK erkennen lässt, wird hingenommen. Und die ebenfalls in der OK vorgenommenen Verfilzungen und Korrumpierungen von Kriminalität, Politik und Verwaltung könnten sich als normal akzeptierte Erscheinungen unserer Gesellschaft fest etablieren.

In Bezug auf die Wirtschafts- und Organisierte Kriminalität lassen sich alle oben skizzierten Probleme der polizeilichen Erfassung und Tataufklärung wieder aufführen, ja teilweise sind die polizeilichen Schwierigkeiten bei der Tatermittlung und statistischen Aufbereitung noch größer. Zwar gibt die Polizeiliche Kriminalstatistik an, dass die Aufklärungsquote bei der Wirtschaftskriminalität bei fast 100 % liegt und dass auch die Organisierte Kriminalität zu hohen Anteilen als polizeilich erledigt und aufgeklärt angesehen werden. Aber das Dunkelfeld ist nach Einschätzung der Polizei und von Kriminologen sehr groß.

Da viele WiKri- und OK-Delikte „opferlos" sind, sie professionell durchgeführt werden und die Anzeigenquote aus unterschiedlichsten Gründen recht klein ist, kann davon ausgegangen werden, dass nur ein geringer Teil der Polizei überhaupt bekannt wird. Ein – für die Polizei sonst übliches – reaktives Handeln (d. h. auf die Tat erfolgt die Ermittlung) stößt gerade in diesem Kriminalitätsbereich an deutliche Grenzen. Aber für ein proaktives Vorgehen fehlt es den Schwerpunktbehörden und -staatsanwaltschaften an mengenmäßig genügend und fachlich qualifiziertem Personal. Dieses wird durch die in der Regel auch sehr schwierigen und aufwendigen Ermittlungsarbeiten auch stark an einige Fälle gebunden, sodass weitere Aktivitäten kaum ausreichend möglich sind.

## 2.2   Extremismus und Politische motivierte Kriminalität

Neben den verschiedenen Formen der Kriminalität sind es vor allem der politische Extremismus und die mit ihm in Verbindung stehenden Phänomene der politisch

motivierten Kriminalität, die ein weiteres Hauptthemen-
gebiet der Inneren Sicherheit darstellen. Es wird zum
Beispiel auf den Rechtsextremismus verwiesen, wenn
nationalistische Bestrebungen angeprangert werden, Neo-
Nazis Aufmärsche gestalten, über die Morde des NSU –
Nationalsozialistischer Untergrund gesprochen oder
Flüchtlingsunterkünfte mit Hakenkreuzen beschmiert und
auch angezündet werden. Im Kontext des G20-Gipfels
in Hamburg gab es 2017 massive Straßenschlachten zwischen Polizei und Demonstrierenden, die dem linksextre-
mistischen, globalisierungs- und kapitalismuskritischen
Spektrum zugerechnet wurden.

Doch während der Extremismus-Begriff seit den 1970er
Jahren in den allgemeinen Wortschatz aufgenommen
wurde, in den Nachrichten und den politischen Diskussionen alltagssprachlich genutzt wird, zeigen sich in der wissenschaftlichen Definitions- und Forschungsarbeit und für
die Sicherheitsbehörden Notwendigkeiten zur Präzisierung.

Eine erste Begriffsannäherung kann über den etymolo-
gischen Ansatz erfolgen. Der lateinische Nominativ „extre-
mus" steht für das Äußerste, Höchste oder Letzte, also
eine Verortung. Auch im Politischen geht es um eine Verortung von politischen Meinungen und Positionen. Doch
die Herausforderung jeder Verortung ist, dass hierfür ein
Bezugspunkt benötigt wird, der z. B. von der aktuell als
„gültig" verstandenen politischen Ordnung geprägt ist.
Wer sich besonders weit von diesem Bezugspunkt ent-
fernt, wäre also ein Extremist. Und eine politische Idee
oder Ideologie, die zur gültigen Ordnung in besonderem Widerspruch stünde, würde dem Extremismus zugerechnet. Aus der Perspektive des nationalsozialistischen

Systems 1933 bis 1945 wären dann auch Forderungen nach Demokratie und die Ablehnung des Führerprinzips extremistisch, weil sie eine fundamentale Ablehnung der damals bestehenden politischen Ordnung enthalten. Andersherum wird aus der Perspektive der heutigen demokratischen Ordnung in Deutschland die nationalsozialistische Ideologie als extremistisch eingeordnet. Dies macht deutlich, dass es schwierig wäre, mit einem Extremismusbegriff zu arbeiten, wenn der Bezugspunkt völlig frei wäre und somit jede politische Position als extremistisch bezeichnet werden könnte.

Uwe Backes und Eckhard Jesse schlugen für die (im Wesentlichen: deutsche) Befassung mit dem Extremismus vor, den Bezugspunkt in einer bestimmten Staatsordnung, nämlich der Demokratie und ihren grundlegenden Merkmalen zu suchen. Sie definierten:

> „Der Begriff des **politischen Extremismus** soll als Sammelbezeichnung für unterschiedliche politische Gesinnungen und Bestrebungen fungieren, die sich in der Ablehnung des demokratischen Verfassungsstaates und seiner fundamentalen Werte und Spielregeln einig wissen" (Backes und Jesse 1993, S. 40).

Die Demokratie mit ihren Merkmalen von Volkssouveränität, bürgerschaftlicher Partizipation, politischem und gesellschaftlichen Pluralismus, Macht- und Herrschaftsbegrenzung sowie Rechtsstaatlichkeit (vgl. Frevel und Voelzke 2017, S. 71 ff.) sowie die humanistischen Werte, insbesondere die Menschenrechte, und die demokratischen Spielregeln werden als Bezugspunkt gesetzt. Wer diese fundamental ablehnt und auch bekämpft, wird als „Extremist" bezeichnet. Wer bei Anerkennung der Grundprinzipien jedoch demokratisch z. B. die Regierung kritisiert und politisch gegen sie kämpft, wird nicht dem Extremismus zugerechnet.

In diesem Ansatz findet eine Abgrenzung des Extremismus zur Demokratie statt, wird also eine Negativ-Definition verwandt. Armin Pfahl-Traughber (2014, S. 18 f.) unternahm einen Versuch der Positiv-Definition und analysierte acht Merkmale, die extremistische Ideologien und Positionen charakterisieren:

1. exklusiver Erkenntnisanspruch (Glaube an ein ‚höheres Wesen')
2. dogmatischer Absolutheitsanspruch (Behauptung der unbezweifelbaren Richtigkeit eigener Positionen)
3. Essenzialistisches Deutungsmonopol (alleinige Erfassung des ‚wahren Wesens' der Dinge)
4. holistische Steuerungsabsichten (angestrebte ganzheitliche Kontrolle der Gesellschaft)
5. deterministisches Geschichtsbild (Wissen um den vorgegebenen historischen Weg)
6. identitäre Gesellschaftskonzeption (Forderung nach politischer Homogenität der Gesellschaft)
7. dualistischer Rigorismus (Denken in kompromisslosen Gegensatzpaaren von Gut-Böse)
8. fundamentale Verwerfung (rigorose Verdammung des Bestehenden).

Doch sowohl die Ansätze zur Positiv- und Negativ-Definition zum Extremismus stoßen auf kritische Einwände.

So werde Extremismus als Kampfbegriff durch die Herrschenden genutzt und wird der normative Begründungszusammenhang als politisch motivierte Setzung infrage gestellt. Der Begriff klassifiziere nur, erkläre aber nichts. Und schließlich würden unter dem Schirm des breiten Extremismusbegriffs sehr unterschiedliche ideologische Positionen und Demokratiekritiken unzulässig vereint und auch gleichgesetzt (zur Kritik am Extremismusverständnis vgl. Pfahl-Traughber 2014, S. 19 ff.). Welche Schwierigkeiten mit der Definition des Extremismus verbunden sind, wird auch in Überblickdarstellungen z. B. von Jaschke (2006), Sammelbänden z. B. von Hirscher und Jesse (2013) oder der diskursanalytischen Studie von Ackermann u. a. (2015) deutlich, sodass hier auf eine weitere Betrachtung verzichtet werden kann bzw. muss.

Die Sicherheitsbehörden in Deutschland lösen sich von den akademischen Diskussionen und orientieren sich an einer Negativ-Definition. Sie ordnen in die Extremismus-Kategorie Bestrebungen und Ideologien ein, die sich gegen die freiheitlich-demokratische Grundordnung der Bundesrepublik Deutschland richten. Diese Formulierung, die sich auch in den Grundgesetzartikeln 10, 11 (2), 18 und 21 (2), 73 (1), 87a (4) und 91 findet, wurde vom Bundesverfassungsgericht in seinem Urteil zum Verbot der Sozialistischen Reichspartei (1952) präzisiert.

> „Freiheitliche demokratische Grundordnung im Sinne des Art. 21 II GG ist eine Ordnung, die unter Ausschluss jeglicher Gewalt- und Willkürherrschaft eine rechtsstaatliche Herrschaftsordnung auf der Grundlage der Selbstbestimmung des Volkes nach dem Willen der jeweiligen Mehrheit

und der Freiheit und Gleichheit darstellt. Zu den grundlegenden Prinzipien dieser Ordnung sind mindestens zu rechnen: die Achtung vor den im Grundgesetz konkretisierten Menschenrechten, vor allem vor dem Recht der Persönlichkeit auf Leben und freie Entfaltung, die Volkssouveränität, die Gewaltenteilung, die Verantwortlichkeit der Regierung, die Gesetzmäßigkeit der Verwaltung, die Unabhängigkeit der Gerichte, das Mehrparteienprinzip und die Chancengleichheit für alle politischen Parteien mit dem Recht auf verfassungsmäßige Bildung und Ausübung einer Opposition" (BVerfGE 2, S. 1 ff).

Dieses Verständnis ist auch Ausgangspunkt der nachrichtendienstlichen Tätigkeiten der Verfassungsschutzämter (vgl. Abschn. 3.2.2) und Kernelement der „wehrhaften Demokratie". Das Konzept dieser „wehrhaften" oder auch „streitbaren" Demokratie wurde von den vor den Nazis emigrierten Sozialwissenschaftlern Karl Loewenstein und Karl Mannheim in den späten 1930er bzw. frühen 1940er Jahren in der Auseinandersetzung mit dem Scheitern der Demokratie der Weimarer Republik entwickelt. Diese erste republikanische Demokratie wurde von den Nationalsozialisten mit demokratischen Instrumenten ausgehebelt und abgeschafft. Die „militant democracy" sollte jedoch fähig sein, sich gegen ihre Feinde wehren zu können. Die führt dann jedoch zu dem vermeintlichen Paradox, dass die Demokratie mit ihren Merkmalen der Mehrheitsentscheidung, der Rede-, Meinungs- und Pressefreiheit, der Vereinigungsfreiheit und des Demonstrationsrechts, im Kampf gegen die Feinde, die dieses System abschaffen wollen, zu Mitteln greifen kann, den Extremisten Freiheitsrechte einzuschränken. Die Demokratie setzt auf Toleranz, die aber nicht uneingeschränkt sei. Karl Popper (zit. in Grumke und van Hüllen 2016, S. 14) stellt fest:

> Uneingeschränkte Toleranz führt mit Notwendigkeit zum Verschwinden der Toleranz. Denn wenn wir die unbeschränkte Toleranz sogar auf die Intoleranten ausdehnen, wenn wir nicht bereit sind, eine tolerante Gesellschaftsordnung gegen die Angriffe der Intoleranz zu verteidigen, dann werden die Toleranten vernichtet werden und die Toleranz mit ihnen.

Diese Meinung wurde auch vom Parlamentarischen Rat aufgegriffen. Carlo Schmid war der „Meinung, dass es nicht zum Begriff der Demokratie gehört, dass sie selber die Voraussetzungen für ihre Beseitigung schafft" (a. a. O.).

Als wehrhafte Demokratie benötigt der Staat jedoch wirksame Instrumente der Verteidigung. Die Grundlagen liegen in der Würde und der Freiheit gemäß Art. 1 und 2 GG, der Bindung aller staatlichen Gewalt (Art. 20 GG) und auch der Wissenschaft (Art. 5 GG) an die Verfassung. Die „Waffen" sind die Möglichkeiten der Einschränkung oder Verwirkung von Grundrechten (z. B. der Presse-, Versammlungs-, Lehr-, Vereinigungsfreiheit, des Brief-, Post- und Fernmeldegeheimnisses, des Rechts auf Eigentum oder auch des Asylrechts). Verfassungswidrige Parteien können vom Bundesverfassungsgericht und verfassungswidrige Vereine von den Innenministern verboten werden. Die Bürger Deutschlands haben ein Widerstandsrecht zum Schutz der freiheitlich-demokratischen Grundordnung (Art. 20 IV) (vgl. Thiel 2003).

Damit die Regierung die Instrumente der wehrhaften Demokratie nicht missbraucht, sind der Anwendung dieser Instrumente hohe Hürden gestellt und an richterliche, i. d. R. bundesverfassungsgerichtliche Entscheidungen gebunden.[2]

Ein wichtiger, aber insgesamt auch sehr umstrittener Akteur der wehrhaften Demokratie ist der Verfassungsschutz (Grumke und van Hüllen 2016), der öffentliche Quellen auswertet und mit nachrichtendienstlichen Mitteln den politischen Extremismus in Deutschland beobachtet. Einige seiner als nicht-geheim eingestuften Erkenntnisse werden in Verfassungsschutzberichten der Länder und des Bundes veröffentlicht.

Recht grob rubrizieren die Verfassungsschutzbehörden den Extremismus in „links" (mit den politischen Ankern im Antikapitalismus, Kommunismus, Sozialismus, Anarchismus u. a.), „rechts" (Nationalismus, Rassismus, Antisemitismus, ‚Reichsbürger', Identitäre Bewegung etc.), den Bereich Islamismus/islamistischer Terrorismus (Jihadismus, Salafismus, u. a.) sowie die „Sicherheitsgefährdenden und extremistischen Bestrebungen von Ausländern" (hierzu zählen z. B. die kurdische PKK, die syrische marxistisch-leninistische DHKP-C oder die Tamil Tigers aus Sri Lanka) (vgl. BMI 2017).

---

[2]Dies wird u. a. auch daran deutlich, dass das „scharfe Schwert" des Parteienverbots nur in der noch fragilen demokratischen Lage in Deutschland 1952 gegen die Sozialistische Reichspartei und 1956 gegen die Kommunistische Partei Deutschland genutzt wurde. Angestrebte Verbote der Nationaldemokratischen Partei NPD wurden vom Bundesverfassungsgericht 2003 und 2017 nicht erlassen.

Die Verfassungsschutzberichte der 2010er Jahre enthalten Hinweise, dass sich die demokratiekritischen und -feindlichen bis hin zu verfassungswidrigen Positionen stärken, der Organisationsgrad teilweise wächst, die Gewaltbereitschaft (insbesondere im rechtsextremistischen Bereich) hoch ist. Diese Ergebnisse spiegeln sich auch in wissenschaftlichen Studien zum Extremismus mit der Feststellung, dass (rechts)extremistische Haltungen inzwischen bis in die Mitte der Gesellschaft erkennbar sind (z. B. Zick et al. 2014, 2016).

Die Verfassungsschutzberichte beschreiben Organisationsstrukturen in den jeweiligen Bereichen, erfassen das sog. Personenpotenzial der Anhängerschaften und hierunter auch der Gewaltbereiten, analysieren Aktivitäten im Bereich der Radikalisierung, der Propaganda, bis hin zu terroristischen Aktivitäten, und stellen auch transnationale Zusammenhänge dar. Somit werden die politischen Bedrohungen für Deutschland verdeutlicht. Zudem werden aber auch Daten des polizeilichen Staatsschutzes in diesen Berichten zur politisch motivierten Kriminalität veröffentlicht.

Politisch motivierte Kriminalität (PMK) ist ein Sammelbegriff für Straftatbestände, die den Staatsschutzdelikten zugerechnet werden, und für solche Verstöße gegen allgemeine Straftatbestände, bei denen die Motivlage des Täters im weiteren Sinn politisch ist. Zu den Staatsschutzdelikten zählen beispielsweise Hochverrat, Landesverrat, Bildung einer terroristischen Vereinigung, Volksverhetzung und bei den allgemeinen Straftatbeständen werden z. B. Brandstiftungs- und Gewaltdelikte berücksichtigt, wenn die Taten den demokratischen Willensbildungsprozess beeinflussen sollen, der Erreichung oder Verhinderung politischer Ziele dienen oder sich gegen die Realisierung politischer Entscheidungen richten; sich gegen die freiheitliche demokratische Grundordnung bzw. eines ihrer Wesensmerkmale, den Bestand oder die Sicherheit des Bundes oder eines Landes richten oder eine ungesetzliche Beeinträchtigung der Amtsführung von Mitgliedern der Verfassungsorgane des Bundes oder eines Landes zum Ziel haben; durch Anwendung von Gewalt oder darauf gerichtete Vorbereitungshandlungen auswärtige Belange der Bundesrepublik Deutschland gefährden; sich gegen eine Person wegen ihrer politischen Einstellung, Nationalität, Volkszugehörigkeit, Rasse, Hautfarbe, Religion, Weltanschauung, Herkunft oder aufgrund ihres äußeren Erscheinungsbildes, ihrer Behinderung, ihrer sexuellen Orientierung oder ihres gesellschaftlichen Status richten (sog. *Hasskriminalität*[3]); dazu zählen auch Taten, die nicht unmittelbar gegen eine Person, sondern im oben genannten Zusammenhang gegen eine Institution oder Sache verübt werden (BMI 2017, S. 21).

Sowohl in den Bereichen der „Politisch motivierten Kriminalität – rechts" und „Politisch motivierten Kriminalität – links" zeigt das vom BMI vorgelegte Lagebild (2017) eine deutliche Zunahme seit 2010, wobei die politisch motivierte Gewaltkriminalität besondere Steigerungsraten aufweist.[4] Zugenommen hat auch die

---

[3]fremdenfeindlich, rassistisch, antisemitisch, antiziganistisch, gegen sexuelle Minderheiten, Menschen mit Behinderung, religiöse Minderheiten etc.
[4]Den Statistiken des BKA zur PMK-rechts wird häufig vorgeworfen unvollständig zu sein. Nicht-Regierungsorganisationen wie die Amadeo-Antonio-Stiftung zählen deutlich mehr Übergriffe und auch Todesfälle; vgl. http://www.sueddeutsche.de/politik/rechtsextremismus-tote-die-nicht-zaehlen-1.3634762.

Hasskriminalität, wobei hier neben Gewaltdelikten auch Volksverhetzungsdelikte, vor allem im Internet mit Hasspostings zu beachten sind.

Die Verfassungsschutzbehörden zeichnen das Bild des Extremismus in Deutschland. Die Verfassungsschutzberichte sind eine kontinuierlich vorgelegte Interpretation der Lage des Extremismus aus behördlicher Sicht. Damit haben sie Bedeutung im sicherheitspolitischen Diskurs gewonnen und werden mitunter als Darstellung von Realität wahrgenommen. Aber es ist zu beachten, dass die nachrichtendienstlich geprägte Datengrundlage für die Berichte für Außenstehende nicht überprüfbar ist, dass die Erhebungskontexte und Darstellungsziele vom Behördenauftrag geprägt sind und somit von der wissenschaftlichen Herangehensweise deutlich abweichen (vgl. Pfahl-Traughber 2014, S. 12 f.). Insofern sind die Berichte gleichzeitig von hohem Wert, da sie auch nicht-öffentliche Strukturen veranschaulichen, andererseits mit großer Vorsicht zu benutzen, da die Validität der Daten und Analysen politikwissenschaftlichen Ansprüchen nur bedingt genügen kann.

## 2.3 Terrorismus

Als im Jahr 2016 mit Anschlägen in Würzburg, Ansbach und dann mit dem gravierendsten Anschlag auf den Berliner Weihnachtsmarkt der Terrorismus Tote und Verletzte hinterließ, formulierten einige Politiker und manche Medien, dass der ‚Terror in Deutschland

angekommen' sei.[5] Und auch die Anschläge 2015 in Paris
auf das Satiremagazin ‚Charlie Hebdo' und auf das Bata-
clan-Theater sowie 2016 auf den Brüsseler Flughafen waren
für die deutsche Öffentlichkeit und die Sicherheitspolitik
räumlich so nah, dass die eigene Gefährdungslage als hoch
eingestuft wurde. Aus Furcht vor einem Anschlag im Kontext eines Fußball-Länderspiels in Hannover wurde das
Spiel abgesagt und Innenminister de Maizière mit einer
Spezifizierung der Gründe mit dem Satz aus, dass „ein Teil
dieser Antwort die Bevölkerung verunsichern könnte".[6]

Die sicherheitspolitische Debatte in den beiden ersten
Dekaden des 21. Jahrhunderts ist stark von der Furcht
vor und der Bekämpfung des Terrorismus geprägt. Vor
allem der islamistische Terrorismus z. B. durch Anhänger
von al Qaida oder den IS (Islamischer Staat) wird hierbei in den Fokus gerückt. Mitunter wird der Eindruck
vermittelt, dass der Terrorismus in Europa und Deutschland ein neues Phänomen sei. Doch waren insbesondere
die 1970 bis 1990er Jahre die Zeiten mit den meisten
Anschlägen und den meisten Opfern in Europa. Die Irish
Republican Army attackierte nicht nur in Irland (am häu-
figsten Belfast) und England, sondern auch in den Nie-
derlanden und Deutschland. Die ETA war die baskische

---

[5]So beispielsweise der CDU-Abgeordnete Karl Lamers, zitiert in http://www.t-
online.de/nachrichten/panorama/kriminalitaet/id_79873282/lamers-zur-
todesfahrt-in-berlin-der-terror-ist-in-deutschland-angekommen-.html; oder der
bayerische Ministerpräsident Horst Seehofer mit Bezug auf den islamistischen
Terrorismus, zitiert in http://www.sueddeutsche.de/bayern/csu-seehofer-der-
islamistische-terror-ist-in-deutschland-angekommen-1.3095990.
[6]Vgl. http://www.zeit.de/gesellschaft/zeitgeschehen/2015-11/thomas-de-maiziere-
terror-sicherheit.

Terrorismusorganisation, die sich für die Ablösung von Spanien einsetzte und viele hundert Tote verantwortet. In Italien waren die Roten Brigaden und in Frankreich die Action Directe aktiv. In Deutschland waren es vor allen Dingen die Rote Armee Fraktion (RAF), die in mehreren sog. „Generationen" von 1970 bis 1998, für den linken Terrorismus verantwortlich zeichnete. Bei dem Olympia-attentat 1972 wurden in München israelische Sportler von der palästinensischen Terrororganisation Schwarzer September umgebracht. Und der NSU – Nationalsozialisti-scher Untergrund mordete als rechte Terrorzelle zwischen 1999 und 2011. – Der Terrorismus ist also nicht ein jun-ges Phänomen und er ist auch nicht nur islamistisch.

Dass Terrorismus eine besondere Form der politisch motivierten Kriminalität ist, ist zwar schnell deutlich, doch die besondere ‚Qualität', die einen Terroranschlag von politisch motivierter Gewaltkriminalität unterschei-det, von einem Amok-Lauf abgrenzt oder den Unterschied zu Bürgerkriegen markiert, muss definitorisch gefunden werden. Waren also die IRA-Attentate Terrorismus oder Teil eines Bürgerkrieges in Nordirland? Muss die Tat von Anders Behring Breivik, der im Juli 2011 einen Anschlag in der Osloer Innenstadt verübte und anschließend auf der Insel Utøya 77 Menschen erschoss, als rechts-moti-vierter Amoklauf oder als Terrorismus eingestuft werden? Sind die NSU-Morde tatsächlich Terror, obwohl sie gar nicht durch Bekennerschreiben und verdeutlichte Motive auf die Erzeugung von Schrecken ausgerichtet waren? Nicht eindeutig entschieden ist auch, ob im Sommer 2016 ein 18-jähriger im Münchener Olympiazentrum aus Wut über Mobbingerfahrung Amok lief oder seine rechte

Gesinnung die Einordnung als politisch motivierte Kriminalität oder gar als Rechtsterrorismus rechtfertigt. Warum wird die Tat Einzelner, die z. B. eine rechte Gesinnung haben, eher der Kategorie Amok zugewiesen, während ein islamistisch motivierter Einzeltäter als Terrorist bezeichnet wird?

In der wissenschaftlichen Beschäftigung mit dem Terrorbegriff ist eine Vielzahl an Definitionen vorgelegt worden. Walter Laqueur beklagte bereits 1998 (S. 10), dass nach mehr als hundert vorgelegten Definitionen „auch nach dreißig Jahren allenfalls über offensichtliche Merkmale des Terrorismus" Einigkeit bestehe, doch „heutzutage existieren noch mehr Spielarten als vor dreißig Jahren, und der Begriff Terrorismus scheint für einige von ihnen kaum noch angemessen zu sein. Man wird wohl eher neue Namen für die Varianten finden, statt eine hilfreiche Definition, die alle umfasst."

Im Kontext ihrer Auseinandersetzung mit dem Begriff Terrorismus verweisen Hegemann und Kahl (2017, S. 15) darauf, dass er in verschiedenen Kontexten diskursiv konstruiert werde. „Terrorismus wäre demnach das, was die Akteure daraus machen. Dies kann sinnvoll sein, um zu verstehen, wie sich Vorstellungen über Terrorismus verändern und politisch instrumentalisiert werden, läuft aber Gefahr in begrifflicher Willkür zu enden." Dies wird auch darin deutlich, dass die von einem Anschlag Betroffenen diesen in ihrem Diskurs als Terrorismus brandmarken, die Auftraggeber und Sympathisanten der Attentäter dies als heroischen Akt z. B. eines Freiheitskämpfers würdigen.

Jenseits dieser diskursiven Konstruktion wird Terrorismus in den inzwischen unzähligen Definitionen auf verschiedene Kernmerkmale bezogen. Daase und Spencer (2010, S. 405) meinen die Begriffsdebatten hoch verdichtend, dass Terrorismus im Kern als eine Strategie verstanden werden kann, „in der ein nicht-staatlicher Akteur gezielte manifeste Gewalt gegen Zivilisten einsetzt (Mittel), um Angst und Schrecken zu verbreiten (Ziel) und einen Staat zur Veränderung seinen Politik zu bringen (Zweck)."

Komplexer ist die Definition von Schmid (2011, S. 86, übersetzt zit. in Hegemann und Kahl 2017, S. 17):

> „**Terrorismus** bezeichnet, auf der einen Seite, eine Doktrin über die angenommene Wirksamkeit einer speziellen Form oder Taktik angsterzeugender politischer Gewalt sowie, auf der anderen Seite, eine konspirative Praxis des kalkulierten, demonstrativen Gewalthandelns ohne rechtliche oder moralische Einschränkungen, die primär Zivilisten und Nicht-Kombattanten angreift und vor allem angewendet wird, um propagandistische und psychologische Effekte bei verschiedenen Publika und Konfliktparteien zu erzielen."

Die Motivlagen für Terrorismus sind vielfältig, können aber in vier Hauptkategorien eingeordnet werden. Hegemann und Kahl (2018, S. 32) unterscheiden 1) ethnisch-nationalistische Motive (beispielsweise bei den oben genannten Gruppen ETA und IRA), 2) sozialrevolutionäre (wie bei der RAF und den Roten Brigaden), 3) vigilantistische (z. B. NSU, Ku-KluX-Klan) und 4) religiöse (u. a. al Qaida, Islamischer Staat).

Die Terrorismus-Debatte in Deutschland, vor allem mit dem Fokus auf den islamistischen Terrorismus, hat erhebliche

Wirkung auf die öffentliche Wahrnehmung. Der Terrorismus wird von einer Mehrheit der Bevölkerung als besondere Gefahr angesehen und besetzt Rang 1 bei den „Ängsten der Deutschen" (vgl. Abschn. 2.4), obgleich nach statistischen Risikoberechnungen die Gefahr, getötetes Opfer eines Terrorangriffs zu werden, verschwindend gering ist.[7] Hier wird noch mal deutlich, dass die Terroristen ihr Ziel, Angst und Schrecken zu verbreiten, offensichtlich erreichen. Ebenso gelingt es ihnen tendenziell auch ihren Zweck der Politikänderung zu erfüllen. Zwar beugt sich der deutsche Staat nicht verschiedenen Forderungen der Terroristen, entließ also nach der Schleyer-Entführung 1977 nicht die inhaftierten Andreas Baader, Gudrun Ensslin und andere Gründungsmitglieder der RAF, und zog auch nicht Bundeswehr-Soldaten aus Afghanistan ab, wie es islamistische Terroristen verlangten. Aber die Sicherheitspolitik wird in Reaktion auf Terroranschläge und -gefahr verändert:

In Reaktion auf den RAF-Terrorismus wurden beispielsweise neue Straftatbestände definiert (Mitgliedschaft in einer terroristischen Vereinigung – § 129a StGB), veränderte sich die Sicherheitsarchitektur mit einer Aufwertung des Bundeskriminalamts unter ihrem damaligen Präsidenten Horst Herold, wurden neue technisch unterstützte Fahndungsmaßnahmen entwickelt und eingeführt (z. B. Rasterfahndung). Die 9/11-Anschläge in New York lösten in Deutschland umfangreiche Gesetzesänderungen aus: Im Vereinsrecht wurde das Religionsprivileg aufgehoben, biometrische Daten

---

[7]Die Zahl der getöteten Terroropfer in Deutschland lag 2016 bei unter 20. Doch jährlich sterben mehr als 150.000 Menschen infolge von Alkohol- und Nikotinkonsum, ca. 15.000 durch Krankenhauskeime, jeweils 10.000 durch Suizide und Haushaltsunfälle, 3500 im Verkehr und ca. 350 durch Mord.

werden in Reisepässen erfasst, Maßnahmen gegen Geldwäsche und Terrorfinanzierung wurden eingeführt, die Befugnisse von Sicherheitsbehörden erweitert. Anti-Terror-Dateien
werden geführt, das BKA erhielt Kompetenzen im Bereich
der Gefahrenabwehr. Die Auskunftspflichten von Banken,
Telekommunikationsunternehmen und Fluglinien wurden
umfangreicher. Die Zusammenarbeit von Sicherheitsbehörden wurde durch die Gründung von Gemeinsamen Zentren (siehe Abschn. 3.2.4) verändert und damit wiederum die
Sicherheitsarchitektur um- und der Sicherheitsapparat mit
deutlichen Stellenzuweisungen und technischen Aufrüstun-
gen bei Polizeien und Nachrichtendienste massiv ausgebaut.

Schon 2008 diskutierten Huster und Rudolph in einem
Sammelband die Entwicklung von Rechts- zum Präventionsstaat, in dem verdachtsunabhängige Maßnahmen und
breit angelegte Kontrollen gestärkt werden, was auch in
die allgemeinen Freiheitsrechte eingreift. Vor allem nachrichtendienstliche und polizeiliche Ansätze zur reaktiven
und proaktiven Terrorismusbekämpfung werden ausgebaut, während die Bemühungen zur Ursachenbekämpfung
auf der Mikro- (Individual-) und Makro- (Struktur-)ebene
oder Maßnahmen zur Radikalisierungsprävention und
De-Radikalisierung deutlich nachrangiger behandelt werden (vgl. Hegemann und Kahl 2017, S. 71 ff.).

## 2.4 Subjektive Sicherheit

Selbstverständlich sind die präventive, intervenierend-
gefahrenabwehrende und strafverfolgende Bekämpfung
der Kriminalität, des Extremismus und des Terrorismus

die zentralen Aufgaben staatlicher Sicherheitsarbeit. Der Schutz der Bevölkerung vor Gefahren, das taktische und strategische Management von Risiken sowie die Aufrechterhaltung bzw. Wiederherstellung von Sicherheit und Ordnung werden von den Polizeien, den Nachrichtendiensten und dem Justizwesen verlangt. Hierfür müssen sie sich an den objektiven – im Sinne von faktischen – Lagen orientieren und auf der Grundlage der ihnen gesetzlich zugewiesenen Kompetenzen handeln. Doch Sicherheit hat neben der objektiven auch eine subjektive Dimension. Schon vom Ursprung des Wortes „Sicherheit" mit dem lateinischen *securitas* und dessen Bezug zu *sine cura* wird deutlich, dass Menschen sicher sind, wenn sie ohne Sorge sind. Doch zeigen verschiedene Studien, dass sich die Menschen sorgen, Ängste haben und Befürchtungen hegen. Nur ein Teil davon betrifft dabei die Themen, die der Inneren Sicherheit zugerechnet werden können, sondern auch Bereiche, die sich auf soziale Sicherheit (Einkommen, Arbeitslosigkeit, Armut), gesundheitliche Sicherheit (Krankenversorgung, Pflege im Alter), Versorgungssicherheit, Verkehrssicherheit und viele andere Bereiche mehr beziehen.

Über viele Jahre hinweg konnten wissenschaftliche Studien zum Sicherheitsempfinden und zur kriminologischen Dunkelfeldforschung eigentlich gute Werte feststellen. Die Furcht und Angst, Opfer einer Straftat zu werden, waren im Vergleich z. B. zu sozialen Furchtaspekten (vor Verlust des Partners, Krankheit/Pflegebedürftigkeit) oder wirtschaftlichen Problemen (z. B. Inflation, Arbeitslosigkeit) eher gering. Auch waren die Vertrauenswerte in den Staat und sein Organ Polizei im Wesentlichen gut.

In großer Übereinstimmung konnten jedoch Studien aus den Jahren 2016 und 2017 eine stark erhöhte Unsicherheit messen (R+V 2016, 2017; Köcher 2016) (vgl. Abb. 2.5). Und auch der ARD DeutschlandTrend Januar 2017 von infratest dimap bestätigt Unsicherheitsempfinden und die Erwartung der Bürger nach mehr Sicherheitsaktivitäten.

Der Gesamtanstieg der Angst-Kurve bezieht sich auf sehr verschiedene Bereiche, die den Menschen Sorgen bereiten. Wovor sie sich am meisten fürchten, wird in Abb. 2.6 deutlich. Demnach sind es insbesondere Terrorismus und Extremismus, die Ängste auslösen, während die Angst vor Straftaten 2017 mit 29 % auf Platz 16 rangiert.

Die hier zitierte R+V-Studie zu den „Ängsten der Deutschen" wird seit 1992 jährlich von dem Versicherungsunternehmen erstellt und von den Medien recht intensiv rezipiert. So hat sie sich einen akzeptierten Platz in der Diskussion über die subjektive Sicherheit erarbeitet. Aus sozialwissenschaftlicher Sicht sind jedoch einige Vorbehalte gegenüber dem Untersuchungsdesign und der Aussagefähigkeit angebracht. Dass sie trotzdem immer wieder prominent betrachtet wird, liegt aber auch daran, dass es keine kriminologisch/soziologisch fundierte Analysereihe zur Sicherheit gibt. Anders als im Vereinigten Königreich, wo jährlich der Crime Survey for England and Wales als Dunkelfeldstudie und Untersuchung zum Sicherheitsempfinden durchgeführt und vom Office for National Statistics veröffentlicht wird[8], liegen bislang derartige Untersuchungen in Deutschland nicht vor. Das im Rahmen des vom

---

[8]Vgl. https://www.ons.gov.uk/peoplepopulationandcommunity/crimeandjustice.

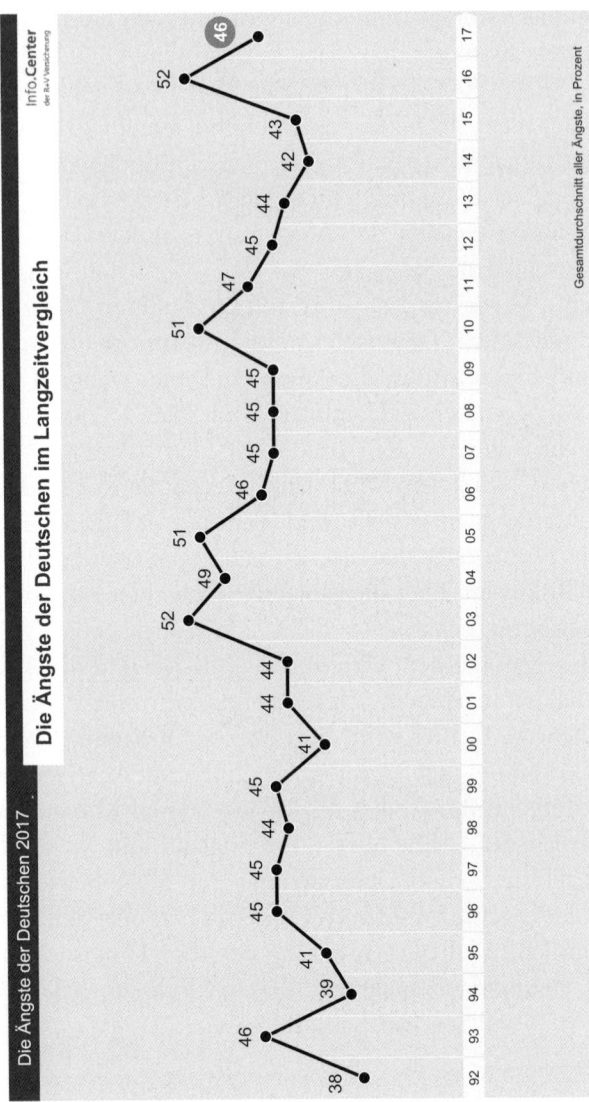

**Abb. 2.5** Die Ängste der Deutschen im Langzeitvergleich. (Quelle: R+V 2017)

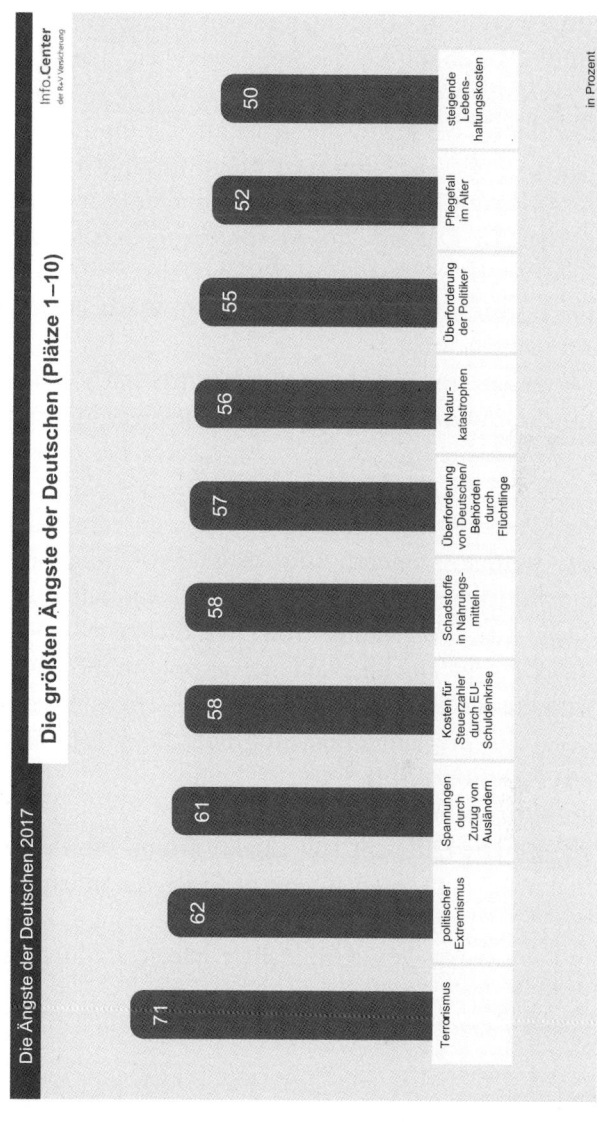

**Abb. 2.6**   Die größten Ängste der Deutschen. (Quelle: R+V 2017)

Bundesministerium für Bildung und Forschung getragenen Programms „Forschung für die zivile Sicherheit" von 2010 bis 2015 geförderte Projekt „BaSiD – Barometer Sicherheit in Deutschland"[9] versucht, die genannte Erkenntnislücke zu schließen, wobei die kontinuierliche Erfassung von Kriminalitätsbelastung und Sicherheitsempfinden leider nicht gewährleistet ist. Der im Projekt vorgelegte Bericht zum Deutschen Viktimisierungssurvey 2012 (Birkel et al. 2014) differenziert deutlich stärker Aspekte von Viktimisierung und Kriminalitätsfurcht.

Die Forscher im BaSiD-Projekt können auch erneut ein deutliches Auseinanderklaffen von objektiver und subjektiver (Un-)Sicherheit belegen. So basiert das Sicherheitsempfinden nicht auf den tatsächlichen Risiken, die von den Menschen nach rationalen Kriterien erfasst und bewertet werden, sondern sie definieren Situationen nach individuellen Vorstellungen und bilden sich somit individuell ihre Vorstellung von Wirklichkeit. „Diese Unterschiede sind anschließend vor allem für die jeweiligen Verhaltensweisen relevant und umfassen eine große Bandbreite von der Unterschätzung über besonnene und adäquate Reaktionen bis hin zur Dramatisierung einer als bedrohlich wahrgenommenen Situation" (Haverkamp 2015, S. 52). Die Differenz von objektiver und subjektiver Sicherheit wird auch in dem sogenannten Kriminalitätsfurchtparadox deutlich, dass beispielsweise ältere Menschen höhere Angst vor Kriminalität haben als jüngere, obwohl die Kriminalstatistiken belegen, dass das Viktimisierungsrisiko deutlich geringer ist. – Kriminalitätsfurcht

---

[9]Vgl. https://basid.mpicc.de/de/startseite.html.

und Sicherheitsempfinden sind demnach vielschichtigere Konstrukte, als sie mit unterkomplexen Umfragedaten erfasst werden können.

Seit Mitte der 1960er Jahre haben zunächst US-amerikanische Forscher daran gearbeitet, die Ursachen und Einflussfaktoren der Kriminalitätsfurcht zu analysieren und den Begriff für die weitere Betrachtung in verschiedene Komponenten aufzufächern. In Deutschland waren vor allem die Forschungen von Klaus Boers (1991, 1997) sowie des Kriminologischen Forschungsinstituts Niedersachsen (z. B. Wetzels et al. 1995) für die Kriminalitätsfurcht-Forschung von Bedeutung.

Der Begriff „Kriminalitätsfurcht" wird von ihnen in einem engeren und einem weiteren Sinne verwandt, wobei der engere die Furcht als die gefühlsmäßige Reaktion auf Kriminalität oder von ihr ausgehende Gefahren für die eigene Person umfasst. Das Furcht- oder Angstgefühl abends allein im Dunkeln oder das mulmige Gefühl, wenn man z. B. die Wohnung während des Urlaubs unbeaufsichtigt zurücklässt und dabei an Einbrecher denkt, werden im engeren Sinn als Kriminalitätsfurcht verstanden.

Doch nicht nur diese emotionale Einstellung prägt die Haltung der Person gegenüber der Kriminalität. Sie wird vielmehr durch eine kognitive Einschätzung ergänzt, also eine aus Überlegung und Gedanken zum Kriminalitätsphänomen resultierende Bewertung der persönlichen Risikoeinschätzung. Für wie wahrscheinlich hält es die Person, von Kriminalität betroffen zu werden? Zwischen der „Bauch-" und der „Kopfeinschätzung" bestehen vielfach große Unterschiede, denn es ist vielen schon bewusst, dass das Risiko im Wald überfallen zu werden, relativ niedrig ist, aber dennoch wird sich das Flattern in der Magengegend rühren, wenn merkwürdige Geräusche gehört werden oder eine andere Person sich den Weg durchs Unterholz bricht.

In welchem Verhältnis Emotion und Kognition zueinander stehen, ist wiederum von verschiedenen Faktoren abhängig. Boers (1997, S. 192) verweist hier auf die „Bewertung" der persönlichen Copingfähigkeiten[10] und meint damit die körperlichen und psychischen Fähigkeiten, auf eine Form von Kriminalität reagieren zu können. Schätzt sich die Person als fähig ein, im Falle des Falles fliehen zu können, sich gegenüber einem Angreifer mit Judo, Karate oder dem Einsatz einer Reizgaspatrone zu wehren (hier sind alte, kranke oder behinderte Menschen vielfach schlechter gestellt) oder sich durch resolutes Auftreten Respekt zu verschaffen? Oder ist sie vielmehr der Auffassung, dass sie schutz- und wehrlos gegenüber der Kriminalität ist? Zu den persönlichen Copingfähigkeiten gehören auch andere Schutzmaßnahmen, wie z. B. die finanzielle Fähigkeit, sich durch technische Maßnahmen vor einem Einbruch zu schützen. Hiermit zusammen hängt auch die Einschätzung der eigenen psychischen und physischen Verletzbarkeit (sog. Vulnerablität), wobei die These aufgestellt werden kann, dass Menschen aufgrund körperlicher Schwäche oder Gebrechlichkeit ihr Verletzungsrisiko und die möglichen Folgeschäden eines Angriffs höher einschätzen, was ihre emotionale Kriminalitätsfurcht steigen lässt.

---

[10]cope (engl.) – einer Situation gewachsen sein, mit ihr fertig werden.

Ein viertes zu berücksichtigendes Element ist das Vermeideverhalten. Hiermit ist gemeint, welche Möglichkeiten eine Person hat und nutzt, um möglichen Gefahrensituationen auszuweichen. Können z. B. als risikoreich eingeschätzte Stadtviertel auf dem Heimweg von der Arbeit umgangen werden, wird bei Dunkelheit eher das Auto benutzt als der öffentliche Personennahverkehr, umgeht man furchteinflößende Personengruppen, geht man nur in Begleitung eines furchteinflößenden Hundes auf die Straße oder bleibt man gleich zu Hause?

Die persönlichen Kriminalitätseinstellungen sind geprägt durch

- die Kriminalitätsfurcht im engeren Sinne,
- die persönliche Risikoeinschätzung,
- die Bewertung der persönlichen Copingfähigkeit und
- das Schutz- und Vermeideverhalten.

Diese beziehen sich jedoch im Wesentlichen auf die Kriminalität, von denen der einzelne betroffen sein kann, wie vor allem Personen- und/oder Eigentumskriminalität (Raub, Überfall, Betrug, Körperverletzung, Mord, Einbruch, Diebstahl etc.), während andere Delikte, die den einzelnen nicht oder nur mittelbar betreffen (wie z. B. Korruption, Steuerhinterziehung, Umweltkriminalität, Wirtschaftskriminalität, teilweise auch Drogenhandel), nicht einbezogen werden. Gleichwohl berücksichtigen die Menschen auch die Entwicklung dieser Formen der Kriminalität, wenn sie über ihr Sicherheitsgefühl nachdenken.

Neben den persönlichen Kriminalitätseinstellungen müssten zur Erfassung der Kriminalitätsfurcht im weiteren Sinne deshalb auch die „sozialen Kriminalitätseinstellungen" einbezogen werden. Wie schätzen also die Bürger die Kriminalität als gesellschaftliches Problem ein, was beunruhigt sie, glauben sie, dass die Kriminalität zunimmt oder abnimmt und wie schätzen sie die Folgen der Kriminalität für den Staat und die Gesellschaft ein? Welche Erwartungen richten die Bürger an die Regierung und den Gesetzgeber hinsichtlich der Kriminalpolitik, um Verbrechen, Störungen von Ruhe und Ordnung und andere Gefährdungen der Inneren Sicherheit zu bekämpfen?

Und zum dritten erfassen die sozialen Kriminalitätseinstellungen auch die Meinung, wie die verschiedenen Delikte bestraft werden sollen: Soll die Todesstrafe für Kinderschänder eingeführt werden oder gilt es den Strafvollzug humaner und sozialer zu gestalten, setzen die Bürger mehr auf Geldstrafen, Freiheitsstrafen oder Täter-Opfer-Ausgleich, gehören straffällige Jugendliche in geschlossene Heime oder wird geglaubt, dass mit erzieherischen Maßnahmen eher eine Eingliederung in die rechtskonforme Gesellschaft möglich ist?

So entstehen individuelle Vorstellungen zum Sicherheitsempfinden, die von vielen Einflussfaktoren geprägt sind (siehe Abb. 2.7). Frauen haben meist ein größeres Unsicherheitsempfinden als Männer, was zum Teil auf begrenzte Wehrfähigkeit bei Angriffen zurückgeführt werden kann. Menschen auf dem Land vertrauen häufig auf die informale Sozialkontrolle im Dorf, während Stadtmenschen unsicherer sind, weil sie in der Anonymität auf

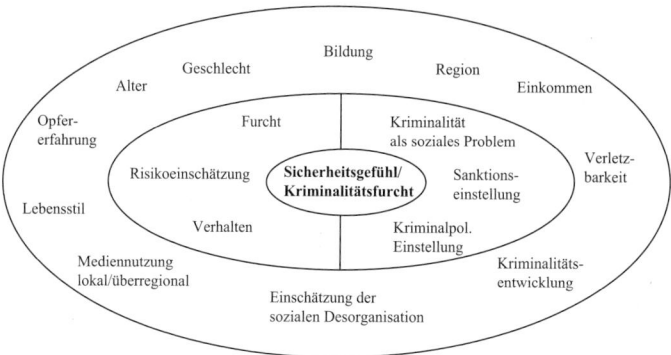

**Abb. 2.7** Einflüsse auf das Sicherheitsgefühl. (Quelle: Frevel 2003, S. 330)

weniger Hilfe durch Dritte vertrauen. Der Bildungsgrad beeinflusst die Fähigkeiten zur rationalen Risikobewertung, das Medienverhalten steuert die Wahrnehmung von Kriminalität, Terrorismus und Extremismus.

Feststellbar ist nun eine schwierige Gemengelage. Auf der einen Seite wird schon deutlich, dass die Bewertung der Sicherheitslage tendenziell schlechter wird, Ängste vor Kriminalität, Extremismus und Terrorismus die Menschen beschäftigen. Dies führt zu mehr oder minder konkreten Erwartungen an den Staat mit seinem Gewaltmonopol und seiner Verpflichtung zur Sicherheitsgewährung. Andererseits wird deutlich, dass die Kriminalitätsfurcht sehr viel komplexer ist, als dass durch Einzelmaßnahmen tatsächlich die bürgerschaftliche Sicherheitsbewertung beeinflusst werden kann. Die gerade von Polizei und Polizeipolitik vorgeschlagenen Mittel der Erhöhung von Polizeipräsenz und des Ausbaus von Kontrolltechnik (z. B. Videoüberwachung des öffentlichen

Raumes) können nur begrenzt Wirkung entfalten. Sie sind zu verknüpfen mit der Gestaltung des öffentlichen Raums (Beleuchtung, Sauberkeit im Bereich von Angstorten), mit Sozial- und Gesellschaftspolitik, mit Kriminalprävention und vielem anderen mehr. Fast noch dringender als in der Kriminalitätsbekämpfung bedarf es bei den Bemühungen um die Verbesserung des Sicherheitsempfindens eines sehr breiten Verständnisses von Sicherheit und einer interinstitutionellen Zusammenarbeit von Akteuren auch aus dem Nicht-Sicherheitsbereich wie Bildungseinrichtungen, Sozialarbeit, Freizeitvereinen und anderen mehr, die dazu beitragen, dass Menschen gut miteinander leben können.

### Zum Nach- und Weiterdenken

Differenzieren Sie Kriminalität, Extremismus, Politisch motivierte Kriminalität und Terrorismus. Wo sind Gemeinsamkeiten, was sind die distinkten Unterschiede?

In der Debatte um die Kriminalitätsfurcht wird darauf verwiesen, dass Furchtwerte und Risiken deutlich voneinander abweichen. Vor allem die Ängste alter Menschen und von Frauen sind stärker ausgeprägt, als es ihre Viktimisierungszahlen „rechtfertigen". Andererseits haben junge Männer zwar weniger Furcht, weisen aber die höchste Opferbelastung z. B. bei Körperverletzungen auf. Ist das nun ein „Kriminalitätsfurchtparadox" oder können diese Effekte begründet werden?

### Literatur zum Weiterlesen und Vertiefen

Die jährlich erscheinenden Behördenpublikationen

Bundeskriminalamt (Hrsg.): Polizeiliche Kriminalstatistik
Bundesministerium des Inneren (Hrsg.): Verfassungsschutzbericht

gehören quasi zur Pflichtlektüre bei der Betrachtung der
Sicherheitslage. Sie müssen jedoch vorsichtig vor dem Hintergrund ihrer Datengrundlage, Verwertungsziele und der
berichtsimmanenten Verzerrungen rezipiert werden.

In der Reihe „Elemente der Politik", in der auch das vor-
liegende Buch erscheint, liegen vertiefte Betrachtungen zu
in diesem Kapitel angesprochenen Problemfeldern vor:

Hegemann, Hendrik und Martin Kahl (2018): Terrorismus
  und Terrorismusbekämpfung. Eine Einführung. Wiesbaden: Springer VS.
Jaschke, Hans-Gerd (2006): Politischer Extremismus. Wiesbaden: VS Verlag für Sozialwissenschaften.

# 3

# Akteure der Inneren Sicherheit

**Zusammenfassung** Dieses Kapitel betrachtet zunächst die Grundlegung und die formalen Strukturen für die Innere Sicherheit in Deutschland. Es folgen in Abschn. 3.2 Betrachtungen der staatlichen Akteure in den Bereichen der Exekutive sowie in Abschn. 3.3 eine Darstellung der parteipolitischen Positionen zur Inneren Sicherheit. Abschn. 3.4 bis 3.6 beschreiben, wer neben der im Politikfeld sehr starken Staatlichkeit sonst an Sicherheitsarbeit und -politik mitwirkt. Die Privatwirtschaft ist mit den Einrichtungen des Werkschutzes sowie den Privaten Sicherheitsdiensten wichtig und augenscheinlich an Bedeutung zunehmend. Insgesamt eher schwach sind zivilgesellschaftliche Organisationen und Verbände an der Produktion der Inneren Sicherheit beteiligt. Dass die Politik der Inneren Sicherheit vor deutlichen Umbrüchen

© Springer Fachmedien Wiesbaden GmbH, ein Teil von
Springer Nature 2018
B. Frevel, *Innere Sicherheit,* Elemente der Politik,
https://doi.org/10.1007/978-3-658-20247-7_3

steht und dabei organisatorische Grenzen erodieren, wird in den Abschn. 3.7 und 3.8 betrachtet.

## 3.1 Bedingungen und Strukturprinzipien

### 3.1.1 Staatstheoretische Grundlegung

Die staatsphilosophischen Überlegungen im 17., 18. und 19. Jahrhundert waren einerseits prägend für die Entwicklung der Vorstellungen vom Nationalstaat und andererseits besonders relevant für den Gedanken der staatlichen Zuständigkeit für die Sicherheitsgewährung. So dachte beispielsweise Jean Bodin (1529–1596) darüber nach, dass der souveräne Herrscher keine Macht über sich oder neben sich habe, aber diese nach innen, also gegenüber dem Volk ausübe. Thomas Hobbes (1588–1679) entwickelte eine Idee vom staatlichen Gewaltmonopol, das das Recht auf Gewaltausübung auf den Staat konzentriere und somit die Gewalt zwischen den Einwohnern reduziere. Diese sollten sich vor der Macht und strafenden Gewalt des Staates, den Hobbes als das furchteinflößende Ungeheuer „Leviathan" darstellte, fürchten und sich deshalb friedlich verhalten. Mit dem Staat und dessen Gewaltmonopol könnte der gewaltorientierte Naturzustand zwischen den Menschen (Homo homini lupus est/Der Mensch ist des Menschen Wolf) aufgebrochen werden. Auch John Locke (1632–1703), Charles-Louis de Montesquieu

(1689–1755) und Jean-Jacques Rousseau (1712–1778) sahen – mit durchaus von Bodin und Hobbes abweichenden Grundannahmen und Konzepten – den Staat in einer herausgehobenen Position, um Stabilität, Sicherheit, Freiheit und Ordnung zu gewähren. Im Kern werden die Bedeutung des geschriebenen Rechts und die Kompetenz der staatlichen Exekutive zu dessen Durchsetzung betont (Grutzpalk 2012).

Für den modernen Staat des 20. Jahrhunderts sind unter anderem die soziologischen Arbeiten von Max Weber zur Bedeutung des Staates bedeutsam, in dem der Staat „das Monopol legitimer physischer Gewaltsamkeit" für sich mit Erfolg beansprucht und mit dem personalen Verwaltungsstab und den sachlichen Verfügungsmitteln durchsetzt (1994, S. 36 ff.).

Kurzum, die Staatsphilosophie und Staatstheorie sind sich seit Jahrhunderten (weitgehend) einig, dass der Staat eine besondere Aufgabe und Funktion im Bereich der Sicherheitsgewährleistung hat. Hierfür stützt er sich – im Sinne der Grundidee der Montesquieschen Gewaltenteilung (vgl. Frevel und Voelzke 2017, S. 34 ff.) – auf die drei Gewalten der Legislative, die beispielsweise über das Strafrecht, das Strafprozessrecht und das Polizeirecht entscheidet, die Exekutive, die mit den zumeist zuständigen Innenministerien und den zugehörigen Apparaten der Polizeien und Nachrichtendienste für die Sicherheit Verantwortung tragen, sowie die Judikative als rechtsprechende Gewalt und den der Justizverwaltung zugehörigen Institutionen des Justizvollzugs (Gefängnisse u. a.) agieren.

## 3.1.2 Formale Strukturen im politischen System der Bundesrepublik Deutschland

In den demokratischen Staaten ist die Montesquiesche Gewaltenteilung bzw. -verschränkung eines der zentralen Merkmale. Sie findet grundsätzlich in allen Politikbereichen Anwendung. Im Bereich der Politik der Inneren Sicherheit sind die Ausgestaltungen besonders bedeutsam, da die Rolle des Staates, insbesondere wegen der besonderen Befugnisse von Behörden, in die Lebensbereiche der Bürger und Einwohner einzugreifen, hier herausgehobener ist als beispielsweise in der Wirtschafts- oder Sozialpolitik. Die Verschränkung und wechselseitige Kontrolle der drei Gewalten hat also besondere Bedeutung um auch den Schutz des Individuums vor einem ggf. übermächtigen Staat zu gewährleisten.

Die Anforderung an die Kontrolle der Sicherheitspolitik zeigt sich auch im Bereich der horizontalen Teilung von Kompetenzen und Befugnissen mit dem Ressortprinzip. Während die Innenministerien mit ihrer Verantwortung für die Polizei und Nachrichtendienste ein besonderes Augenmerk auf die Effektivität ihrer Behörden und deren Mitarbeitende richten, also Kompetenzen und Ausstattung für aktive Sicherheitsarbeit fordern, sind die Justizministerien häufig in der Position, diesen Wünschen mit Verweis auf Grund- und Freiheitsrechte der Bürger/innen, Datenschutz, Unschuldsvermutung, rechtsstaatliche Verfahren u. a. Grenzen zu setzen. Das Ringen um den Ausgleich der Ziele und Werte von Sicherheit, Freiheit, Gleichheit, Gerechtigkeit wird durch die Trennung von Innen- und

Justizressorts gefördert und es trägt (zumeist) dazu bei, den Diskurs um die Sicherheitspolitik so zu führen, dass die konkurrierenden Werte und Rechtsgüter berücksichtigt und abgewogen werden.

Für die Politik der Inneren Sicherheit in Deutschland ist die vertikale „Gewaltenteilung" durch das Bundesstaatsprinzip wichtig. Entsprechend der deutschen Verfassung haben die „Länder das Recht der Gesetzgebung, soweit dieses Grundgesetz nicht dem Bunde Gesetzgebungsbefugnisse verleiht" (Art. 70 I GG). Eine ausschließliche Gesetzgebungskompetenz für Aspekte der Inneren Sicherheit wird im Art 73 Abs. I dem Bund jedoch nur für

[…] 5. [den] Grenzschutz, […]

9a. die Abwehr von Gefahren des internationalen Terrorismus durch das Bundeskriminalpolizeiamt in Fällen, in denen eine länderübergreifende Gefahr vorliegt, die Zuständigkeit einer Landespolizeibehörde nicht erkennbar ist oder die oberste Landesbehörde die Übernahme ersucht;

10. die Zusammenarbeit des Bundes und der Länder a) in der Kriminalpolizei, b) zum Schutz der freiheitlichen demokratischen Grundordnung, des Bestandes und der Sicherheit des Bundes oder eines Landes (Verfassungsschutz) und c) zum Schutze gegen Bestrebungen im Bundesgebiet, die durch Anwendung von Gewalt oder darauf gerichtete Vorbereitungshandlungen auswärtige Belange der Bundesrepublik Deutschland gefährden, sowie die Einrichtung eines Bundeskriminalpolizeiamtes und die internationale Verbrechensbekämpfung

eingeräumt. Eine konkurrierende Gesetzgebung des Bundes wird u. a. für das Strafrecht (Art. 74 I 1 GG) benannt.

**Gesetzgebungskompetenz** Das Grundgesetz unterscheidet in den Artikeln 70 ff. die G.. Die G. liegt grundsätzlich bei den Ländern, soweit sie dem Bund nicht ausdrücklich zugewiesen wird. In verschiedenen Bereichen, die in Art. 73 aufgeführt werden, hat der Bund die ausschließliche G., für in Art. 74 aufgelisteten Bereiche liegt die G. bei den Ländern, „solange und soweit der Bund von seiner Gesetzgebungszuständigkeit nicht durch Gesetz Gebrauch gemacht hat" (Art. 72 I). Hier spricht man von der konkurrierenden Gesetzgebung. Zudem gilt der Grundsatz aus Art. 31 GG: „Bundesrecht bricht Landesrecht."

Dies bedeutet, dass die grundsätzliche Kompetenz für die Sicherheitspolitik bzw. für die gesetzlichen Voraussetzungen staatlicher Sicherheitsarbeit bei den Bundesländern liegt. Einen Schwerpunkt bildet hierbei die rechtliche Rahmensetzung sowie der organisationale Aufbau und die Ausstattung der Sicherheitsakteure Polizei und – mit deutlichen Abstrichen an Kompetenzbreite und personaler Ausstattung – des Verfassungsschutzes (vgl. Abschn. 3.2.2). Und auch die Strafjustiz ist im Wesentlichen Aufgabe der Länder.

Der Bund hat trotzdem eine besondere Stellung im System der Inneren Sicherheit. So wird beispielsweise das Strafrecht überwiegend als Bundesgesetz im Strafgesetzbuch (StGB) kodifiziert, ist die Strafprozessordnung (StPO) Bundesrecht, sind sicherheitsrelevante Normen des Staatsangehörigkeitsrechts und Passwesens,

Luftverkehrsrecht oder der Telekommunikation vom Bund geregelt. Zudem hat der Bund mit der Bundespolizei (dem ehemaligen Bundesgrenzschutz) und dem Bundeskriminalamt sowie den Nachrichtendiensten Bundesamt für Verfassungsschutz, Bundesnachrichtendienst und Militärischer Abschirmdienst starke Behörden aufgebaut. Für die Politik der Inneren Sicherheit ist damit eine deutliche Verlagerung von den Ländern auf den Bund festzustellen, obgleich die Länder mit ihren Polizeien eine Hauptlast der Sicherheitsarbeit leisten.

Als wäre mit diesen formalen Strukturen nicht schon genug Differenzierung geschaffen und Koordinationsaufwand hergestellt, um die Sicherheitsarchitektur zu beschreiben, so sind zwei weitere, in der sicherheitspolitischen Diskussion immer wieder aufgegriffene Prinzipien zu benennen.

Im internationalen Vergleich fast einzigartig ist in Deutschland die Trennung von Polizei und Nachrichtendiensten. Nach den unseligen Erfahrungen mit der Gestapo (Dams und Stolle 2009) im nationalsozialistischen Regime des sog. „Dritten Reichs" (1933–1945) verfügten die westlichen Alliierten 1949 im sog. „Polizeibrief" an den Parlamentarischen Rat, dass die zu gründenden Nachrichtendienste keine polizeilichen Kompetenzen haben dürften. Die Trennung wird auch im Bundesverfassungsschutzgesetz mit der Aufgabenbeschreibung und dem Verbot der Angliederung an eine Polizei spezialgesetzlich bestätigt. Und so wie die Nachrichtendienste keine polizeilichen Kompetenzen haben, dürfen auch die Polizeien keine nachrichtendienstliche Methoden anwenden, obgleich sie mit ihren Staatsschutzabteilungen häufig gleiche Themen bearbeiten und Personen im Blick haben, die im politischen Extremismus und politisch motivierter Kriminalität relevant sind.

Eine weitere Besonderheit ist die Beschränkung des Bundeswehr auf reine Verteidigungsaufgaben sowie die Katastrophenhilfe Art 35 II (2), III GG und einen Einsatz im Falle des Inneren Notstands (Art 87a IV GG). Ein Einsatz im Kontext der Inneren Sicherheit z. B. zur Terrorismusbekämpfung oder gegen Rockerkriminalität ist damit nicht möglich.[1]

Die Verantwortung für die Innere Sicherheit ist damit in Deutschland von mehreren Abgrenzungen geprägt

- zwischen den drei Gewalten der Legislative, Exekutive und Judikative,
- zwischen den Innen- und Justizressorts der Regierungen,
- zwischen Bund und Ländern,
- zwischen Polizeien, Nachrichtendiensten und Bundeswehr.

Um den notwendigen Koordinationsaufwand zu leisten, wird auf der ministerialen Ebene mit der Innenministerkonferenz (IMK), bzw. korrekt der „Konferenz der Innenminister und -senatoren der Länder" (an denen der Bundesinnenminister als sehr starker Gast teilnimmt) und der JuMiKo (Konferenz der Justizministerinnen und -minister der Länder – ebenfalls mit dem Bundesjustizminister als Gast) gearbeitet. Auf der

---

[1]Politisch wiederkehrend sind Diskussionen, ob der Einsatz der Bundeswehr erlaubt werden solle. Vgl. Krause (2017) sowie die Ausführungen in Abschn. 4.4.3. dieses Buches.

Ebene der operativen Arbeit hat sich eine bunte Vielfalt an Koordinationsgremien und Gemeinsamen Zentren entwickelt (vgl. Abschn. 3.2.4), um die Sicherheitsarbeit im Rahmen der komplexen Sicherheitsarchitektur zu gewährleisten.

Einen auf die Kriminalpolitik als Unterthema der Politik der Inneren Sicherheit konzentrierten Überblick auf die Institutionen und wichtige Kompetenzen gibt Abb. 3.1. Es verdeutlicht schematisch die drei Gewalten, die Trennung von Bund und Ländern mit den verbindenden ‚Konferenzen‘, ordnet Institutionen sowie Kompetenzen und besondere Aufgabenfelder zu.

## 3.2 Staatliche Sicherheitsarchitektur

Wenn von der „Sicherheitsarchitektur" in Deutschland gesprochen wird, stehen die verschiedenen Organisationen und Kompetenzen aus dem Feld der Exekutive im Blickfeld. Wer leistet auf welcher Grundlage welche Sicherheitsarbeit? Sind diese Strukturen den Problemen und Herausforderungen angemessen? Wie können Schnittstellenprobleme beseitigt oder kann zumindest angemessen damit umgegangen werden? Wie verändert sich die Sicherheitsarchitektur in Zeiten der gewachsenen Herausforderungen im Bereich Kriminalität und Terrorismus? – Das sind einige der Grundfragen zu diesem Bereich.

### 3.2.1 Polizei

Die Polizei ist sicherlich der sichtbarste, personalstärkste, im Sinne des staatlichen Gewaltmonopols eingriffskompetenteste

| | LEGISLATIVE | JUDIKATIVE | EXEKUTIVE | | | |
|---|---|---|---|---|---|---|
| BUND | Bundestag | BVerfG | **BM Inneres** BKA BPol Problemwahrnehmung und -interpretation aus polizeilicher Sicht | **BM Justiz** Vordenken und Vorlegen von Strafrechts- und Strafprozessrechtsreformen | Revisionsinstanz oberste Rechtsprechung Grundsatzentscheidungen | insbesondere: Strafrecht StPO BKA-und BGS-Gesetz |
| | Bundesrat | BGH | | | | |
| | | | *IMK* | *JMK* | | |
| LÄNDER | Landtage | Amtsgerichte Landgerichte OLG | *IM* Polizei Problemwahrnehmung und -bearbeitung aus polizeilicher Sicht | *JM* Justizvollzug & StA Konzeption und Organisation der Strafverfolgung und Rechtspflege | spezielle Urteile ständige Rechtsprechung | länderspezifisches Strafrecht Polizeigesetze |

**Abb. 3.1** Modell der im Politikfeld Kriminalpolitik eingebundenen Institutionen. (Quelle: Frevel 2008, S. 112)

Teil der Sicherheitsarchitektur. Wobei eigentlich gar nicht von einer Organisation zu sprechen ist, sondern hier eine mittelgroße Zahl von Behörden zur Polizei gezählt wird.

**Polizeibegriff** In diesem Abschnitt steht der *institutionelle Polizeibegriff* im Vordergrund, der sich auf die Behörden als öffentliche Verwaltung bezieht, die Polizeiaufgaben wahrnehmen.

Diese Polizeiaufgaben werden mit dem *formellen Polizeibegriff* erfasst. Er beschreibt die staatlichen Funktionen und Zuständigkeiten, die von den Polizeibehörden ausgeübt werden.

Der *materielle Polizeibegriff* umfasst die mit Zwangsgewalt ausgestattete Staatstätigkeit, die auf die Abwehr von Gefahren ausgerichtet ist, welche die öffentliche Sicherheit und Ordnung gefährden. Hiermit ist keine organisatorische Zuordnung verbunden.

Im engeren Sinn stellen in Deutschland die 16 Länderpolizeien sowie die Bundespolizei (bis 2005: Bundesgrenzschutz) und das Bundeskriminalamt die Polizei dar. Daneben gibt es Spezialpolizeien, wie z. B. die Polizei beim Deutschen Bundestag (die dem Bundestagspräsidenten untersteht und dort zuständig ist, wo Bundestag und Bundesversammlung arbeiten), Einheiten des Zolls (insbesondere das Zollkriminalamt), die Feldjäger als Polizei der Bundeswehr oder mit deutlich begrenzten polizeilichen Kompetenzen das Bundesamt für Güterverkehr oder die Wasser- und Schifffahrtsverwaltung als Schifffahrtspolizei.

Bei diesen Polizeien arbeiten insgesamt ca. 210.000 Polizeivollzugsbeamte, womit im Durchschnitt ein/e Polizist/in für ca. 370 Einwohner zuständig ist. Die Polizeidichte differiert zwischen den Ländern deutlich. Während beispielsweise das Verhältnis in großen Flächenländern wie NRW bei 1:449 liegt oder bei 1:440 in Hessen, gibt es in den Stadtstaaten Berlin mit 1:208, Bremen 1:212 oder Hamburg 1:226 relativ mehr Polizist/innen (Frevel und Groß 2016, S. 65). Mit der Verschärfung der Sicherheitslage durch den internationalen Terrorismus in den mittleren 2010er Jahren haben die Länder den Abbau an

Personalstellen in der Polizei beendet und seit 2015 auf breiter Basis die Einstellungszahlen wieder deutlich erhöht (wurden in NRW beispielsweise 2004 bis 2007 jährlich 500 Polizeianwärterinnen und -anwärter neu eingestellt, so waren es 2008 bereits über 1000, 2014 ca. 1500 und ab 2017 ca. 2300 p.a.).

Aufgrund der Länderhoheit bei den Polizeien entwickelte sich eine relativ große Heterogenität hinsichtlich der Organisationsmodelle, der Organisationsterminologie, der Beamtenlaufbahnen und der Ausbildung, die im Rahmen dieses Buches nur beispielhaft verdeutlicht werden kann.

- Einheitssystem vs. Trennungssystem/Entpolizeilichung: hier geht es um die Frage, ob verschiedene Aufgaben entsprechend des formellen Polizeibegriffs von der Polizei oder von anderen Behörden übernommen werden. So werden beispielsweise in Baden-Württemberg, im Saarland und Bremen nach dem Einheitssystem auch Fragen der öffentlichen Ordnung von der Polizei mit bearbeitet, während z. B. in Mecklenburg-Vorpommern, Nordrhein-Westfalen oder Rheinland-Pfalz entsprechend des Trennungssystems eine „Entpolizeilichung" von Ordnungsproblematiken gilt und somit z. B. kommunale Ordnungsämter, Straßenverkehrsämter oder Gesundheitsämter für die Gefahrenabwehr zuständig sind (Kugelmann 2012, S. 59 f.).
- Einheitsverwaltung vs. Sonderverwaltung: Während einige Länder z. B. NRW oder Hamburg die Polizei aus einer Abteilung im Innenministerium führen, haben andere (z. B. Hessen, Niedersachsen) ein

eigenes Landespolizeipräsidium als Sonderverwaltung eingerichtet.

- Funktional- und Regionalprinzip beleuchtet die Organisation und wie sie sich auf die Verteilung nach Funktionen (gemeint: Schutzpolizei, Kriminalpolizei, Bereitschaftspolizei, Wasserschutzpolizei) oder nach örtlicher bzw. regionaler Zuständigkeit konzentriert. Dies hat z. B. Bedeutung für die Zahl von Polizeibehörden. Während in NRW 47 Kreispolizeibehörden und drei Landesoberbehörden bestehen, die sich zumeist an den politischen Grenzen von kreisfreien Städten mit Polizeipräsidien oder in Landkreisen unter der Verantwortung des Landrats orientieren, hat das Land Brandenburg unter dem (Landes)Polizeipräsidenten nur vier Polizeidirektionen (ohne eigenen Behördenstatus), das Landeskriminalamt und eine Direktion Besondere Dienste. Bei den Organisationsmodellen herrscht eine große Begriffsvielfalt, was z. B. bedeutet, dass eine Polizeidirektion mal für die Zuständigkeit in einer großen Fläche steht (z. B. in Niedersachsen oder Brandenburg), mal jedoch – in NRW – für eine fachliche Untergliederung in einer Kreispolizeipolizeibehörde (z. B. Direktion Gefahrenabwehr/Einsatz oder Direktion Verkehr).
- Zwei- vs. dreigeteilte Laufbahn/Polizeiausbildung und -studium: 10 Bundesländer und auch die Polizeien des Bundes haben einen Personalbestand, der sich auf den mittleren Dienst (Polizeimeister bis Polizeihauptmeister), den gehobenen Dienst (Polizeikommissar bis Erster Polizeihauptkommissar) und den höheren Polizeidienst (Polizeirat bis Leitender Polizeidirektor) aufteilt. Sechs Bundesländer haben sich in den 1990er

Jahren entschieden, eine zweigeteilte Laufbahn ein-
zuführen (u. a. die großen Flächenländer NRW, Niedersachsen, Hessen) und auf den mittleren Dienst zu
verzichten. Dies bedeutet, dass in diesen Ländern alle
Polizeianwärter statt einer für den mittleren Dienst
üblichen zweieinhalbjährigen Ausbildung ein dreijäh-
riges Bachelor-Studium an einer Polizei- bzw. Verwal-
tungsfachhochschule absolvieren und als Kommissare in
den Dienst treten. Hier ist dann der Kommissar für die
Alltagsaufgaben zuständig, während er in den anderen
Ländern schon mit Führungsaufgaben betraut wird.

- Angestellten- und Laienpolizeien: Grundsätzlich gilt,
  dass die Polizei als eine besondere staatliche Institution mit hoheitlichen Aufgaben mit Beamtinnen und
  Beamten die Arbeit erledigt. Doch haben einige Bundesländer in oder an der Polizei zum Beispiel für Aufgaben des Objektschutzes, für Verkehrskontrollen oder
  die Begleitung von Schwertransporten sowie weitere
  Unterstützungsarbeiten Angestelltenpolizeien aufgebaut. Wiederum gilt hier die länderspezifische Begriffsvielfalt, sodass diese mal als Angestellte im Polizeidienst
  (in Berlin), Angestellte im Wachdienst (Hamburg) oder
  als Wachpolizei (Sachsen und Hessen) firmieren. Deren
  Ausbildung ist mit wenigen Wochen deutlich kürzer
  als für den Polizeivollzugsdienst und die Kompetenzen
  sind sehr eingeschränkt. Davon zu unterscheiden sind
  Laienpolizeien. Diese gibt es beispielsweise als Freiwilligen Polizeidienst in Baden-Württemberg und Hessen,
  als Sicherheitswacht in Sachsen oder Sicherheitspartner in Brandenburg. Hier wirken gegen eine kleine
  Aufwandsentschädigung Bürger/innen als Freiwillige

mit, wobei sie sich i. d. R. darauf beschränken ohne polizeiliche Eingriffskompetenz Präsenz zu zeigen und Ansprechpartner zu sein. Baden-Württemberg hat jedoch Freiwillige sogar als bewaffnete und mit Polizeikompetenz ausgestattete Kräfte zur Entlastung der Polizei eingebunden.

Deutschland hat also eine sehr heterogene Polizeilandschaft. Die Bürgerinnen und Bürger nehmen diese Unterschiedlichkeit jedoch kaum wahr. Sie haben es in der Regel mit der in ihrem Bundesland zuständigen Polizei zu tun. Diese leistet als uniformierte Schutzpolizei die Gefahrenabwehr und die Einsatzbewältigung sowie mit der Kriminalpolizei die Strafverfolgung. Einige Polizeibehörden unterhalten besondere Abteilungen für die Bereitschaftspolizei (den sog. Hundertschaften, die beispielsweise bei Demonstrationen oder im Umfeld von Fußballspielen zum Einsatz kommen), den Staatsschutz zur Verfolgung politisch motivierter Kriminalität sowie die Spezialeinsatzkommandos (z. B. für Zugriffe in gefährlichen Situationen wie Geiselnahmen oder im Rahmen der Terrorbekämpfung). Bürger haben sonst noch Kontakt zur Bundespolizei, die aufgrund ihrer Zuständigkeit an Grenzen, an Flughäfen und vor allem in Zügen und Bahnhöfen der Deutschen Bahn sichtbar ist und hier schutz- sowie im geringeren Umfang kriminalpolizeiliche Aufgaben wahrnimmt. Bezüge zum Bundeskriminalamt gibt es für die meisten Menschen nicht. Das BKA hat seine Aufgaben zwar auch im operativen Polizeidienst, hier jedoch mit Ermittlungskompetenz im Bereich besonders schwerer und bei internationaler Kriminalität (z. B. illegaler Handel mit Waffen, Drogen; Falschgeldkriminalität, Terrorismus und schweren Fällen von Computersabotage sowie bei Völkermord, Verbrechen gegen die Menschlichkeit und Kriegsverbrechen; schwere Wirtschaftskriminalität). Wichtige Aufgaben liegen zudem in der internationalen Funktion als Verbindungsstelle zu anderen Polizeien, zu Europol und Interpol. Im Sinne des oben erwähnten Artikels 73 I (10) GG hat es die Aufgabe als Zentralstelle der deutschen Polizeien Koordinationsaufgaben zu übernehmen, Serviceleistungen zu erbringen und kriminalistisches Know-how zur Verfügung zu stellen.

Dass die Bürgerinnen und Bürger die Heterogenität kaum wahrnehmen, liegt darin begründet, dass zwar in einigen Bereichen Unterschiede bestehen, aber die für den operativen Dienst besonders relevanten Einsatzregeln, die u. a. in den Polizeidienstvorschriften kodifiziert sind, häufig bundesweite Geltung haben und auch die Gesetzeswerke zum Strafrecht und Strafprozessrecht, die Straßenverkehrsordnung und andere verkehrsrechtliche Normen im gesamten Bundesgebiet angewandt werden. Ein weiterer Effekt, der eine relative Einheitlichkeit des polizeilichen Handelns fördert, ist die gemeinsame Aus- und Fortbildung aller höherrangigen Polizeiführer des Bundes und der Länder an der Deutschen Hochschule der Polizei in Münster. Und ein dritter die Einheit in der Vielfalt fördernder Faktor liegt in der Arbeit der Innenministerkonferenz und hier insbesondere dessen „Arbeitskreis 2", der sich mit Fragen der Inneren Sicherheit befasst.[2]

---

[2]Andere Arbeitskreise befassen sich mit den weiteren Arbeitsfeldern der Innenministerien wie z. B. Kommunalen Angelegenheiten; Feuerwehr, Rettungswesen, Zivilschutz; Organisation und Dienstrecht; Verfassungsschutz.

Hierin sitzen die Spitzenbeamten der für die Polizei zuständigen Innenministerien bzw. Landespolizeipräsidien und beraten gemeinsam über Fragen des Polizeirechts, der Polizeiausstattung und Konzepten der Polizeiführung.

## 3.2.2 Nachrichtendienste

Mal kaum wahrgenommen, mal schillernd agierend, mal skandalbehaftet und dann auch wieder staatstragend sind die Nachrichtendienste – mitunter auch als Geheimdienste bezeichnet – ein bedeutsamer Teil der staatlichen Sicherheitsarchitektur. Auf der Bundesebene bestehen die Behörden des

- Bundesnachrichtendienst (BND)
- Bundesamt für Verfassungsschutz (BfV)
- Militärischen Abschirmdienstes (MAD).

Zudem haben die Länder eigene Verfassungsschutzabteilungen in den Innenministerien oder Verfassungsschutzämter.

Der BND mit den Hauptsitzen in Pullach und Berlin untersteht als obere Bundesbehörde dem Bundeskanzleramt. Er gilt als Auslandsnachrichtendienst und hat somit insbesondere die Aufgaben, die internationale Sicherheits- bzw. Gefährdungslage zu analysieren, technische Aufklärung zu betreiben (z. B. Abhören von Telekommunikation), im Ausland Informationen zu beschaffen, Kenntnisse über die Strukturen und Vorhaben des internationalen Terrorismus und der internationalen Organisierten Kriminalität zu entwickeln, sich mit Fragen der

Proliferation (=Verteilung und Handeln mit atomaren, biologischen und chemischen Waffen) zu befassen sowie für Deutschland die Spionageabwehr zu betreiben.

Der MAD ist der Nachrichtendienst des Bundesministeriums der Verteidigung. Als eine Art Verfassungsschutz der Bundeswehr sammelt er Daten und Informationen über Soldaten und ggf. deren soziales Umfeld zur Spionage- und Sabotagebekämpfung sowie zur Extremismus- und Terrorismusabwehr. Er nimmt Sicherheitsüberprüfungen des militärischen und zivilen Personals der Bundeswehr vor und hat ein weiteres Hauptaufgabenfeld in dem nachrichtendienstlichen Schutz von Bundeswehreinsätzen im Ausland (vgl. Klocke 2012).

Ein gewichtiger Anteil zur Inneren Sicherheit wird den Verfassungsschutzbehörden zugeschrieben. Sie dienen, so § 1 (1) Bundesverfassungsschutzgesetz, dem Schutz der freiheitlichen demokratischen Grundordnung, des Bestandes und der Sicherheit des Bundes und der Länder.

Das Bundesamt für Verfassungsschutz untersteht dem Bundesministerium des Innern und die Landesämter für Verfassungsschutz den jeweiligen Innenministerien der Länder. Als inländische Nachrichtendienste liegen die Hauptaufgaben im Bereich der Informationsbeschaffung und -auswertung für Aktivitäten gegen den Staat und seine Einrichtungen und die freiheitlich-demokratische Grundordnung, womit insbesondere die in Kap. 2 diskutierten Bereiche des Links- und Rechtsextremismus sowie extremistische Bestrebungen von Ausländern und momentan das Problemfeld des Islamismus und islamistischen Terrorismus erfasst werden. Weitere Aufgabenfelder sind die Spionageabwehr – oder wie es das

Verfassungsschutzgesetz formuliert (§ 3, Abs. 1, Nr. 3) – die Aufklärung von „sicherheitsgefährdenden oder geheimdienstlichen Tätigkeiten für eine fremde Macht", sowie der Geheim- und Wirtschaftsschutz für den Staat und die Industrie.

Für die Extremismus-Kontrolle werden sowohl öffentliche Quellen (Zeitungen, Broschüren, Flugblätter, Internetkommunikation) ausgewertet und öffentliche Veranstaltungen von des Extremismus verdächtigen Akteuren besucht, als auch mit nachrichtendienstlichen Mitteln wie dem Einsatz von sog. V-Personen, verdeckte Ermittlungen, Observationen oder der Telekommunikationsüberwachung gearbeitet.

Ein besonderes Merkmal der deutschen Sicherheitsarchitektur ist das schon angesprochene Trennungsgebot von Nachrichtendiensten und Polizei. Diese Trennung umfasst verschiedene Dimensionen, die Grutzpalk und Zischke (2012) wie folgt differenzieren:

1. „Es besteht ein Angliederungsverbot der Nachrichtendienste an jede Polizeidienststelle (organisationsrechtliche Dimension).
2. Den Nachrichtendiensten sind polizeiliche Befugnisse strikt versagt (funktionelle Dimension).
3. Diese befugnisrechtliche Trennung hat auch Auswirkungen auf den Umgang mit Informationen. Demnach dürfen die Nachrichtendienste keinen Zugang zu polizeilichen Informationen haben, die unter dem Einsatz polizeilicher Zwangsbefugnisse erhoben wurden.
4. Beiden Einrichtungen werden unterschiedliche Aufgabenbereiche zugestanden. Während sich die Polizeibehörden

um die Prävention und Aufklärung von Straftaten kümmern, konzentriert sich das Tätigkeitsfeld der Nachrichtendienste auf das sogenannte Vorfeld: Die Nachrichtendienste beobachten Bestrebungen, deren Verhaltensweisen (noch) nicht strafbar sind, das heißt die sich am Rande der Legalität bewegen (Vorfeldaufklärungsfunktion).

5. Damit das Trennungsgebot effektiv seine Wirkung entfalten kann, ist eine Personalunion zwischen Polizei und den Nachrichtendiensten untersagt (personelle Trennung)."

Überlegungen zur weniger strikten Auslegung des Trennungsgebots werden in den Abschn. 3.2.4 und 4.4.2 näher betrachtet.

Der Verfassungsschutz wurde und wird immer wieder mit internen Skandalen, mit unzulänglichen Leistungen in der Aufdeckung von Extremismus, mit Vorwürfen zur schlechten Führung von V-Personen in den extremistischen Szenen oder mit der Verdeckung von Straftaten in Verbindung gebracht. Grumke und van Hüllen (2016) analysieren diese Defizite und setzen sich intensiv mit der Frage auseinander, ob dieser Nachrichtendienst obsolet oder reformierbar sei.

### 3.2.3 Weitere Sicherheitsbehörden

Mit den beiden Polizeien des Bundes (BPOL und BKA) und den 16 Länderpolizeien sowie den Nachrichtendiensten (BND, MAD, BfV und Landesverfassungsschutzbehörden) ist der Hauptbereich der Sicherheitsbehörden umfasst.

Ergänzend kommen noch weitere staatliche Akteure mit spezifischen Aufgaben hinzu.

Zu nennen wäre hier das BSI – Bundesamt für Sicherheit in der Informationstechnik. Angesichts der weiter steigenden Bedeutung von Daten, des Ausbaus von Kommunikations- und Informationsnetzen, der Komplexität der Steuerung von Industrie- und Infrastrukturanlagen mittels IT sowie einer wachsenden Bedeutung von IT im Bereichen des Wohnens (Smart-Home) oder der Mobilität (selbstfahrende Autos) rückt die Informationstechnik immer mehr in den Blick. Das BSI hat mehrere Aufgaben, die sich beispielsweise auf die Erkennung von Schadsoftware (Viren, Trojaner) und deren Bekämpfung, auf den Datentransfer (z. B. gesichert durch Kryptotechnologie) oder die Datenspeicherung (z. B. in Clouds) beziehen. Hierzu wird geforscht, werden Bürger und Unternehmen, aber auch vor allem Behörden und der Gesetzgeber beraten. Das BSI ist mit seinen verschiedenen Aktivitäten relevant zur Analyse der Phänomenologie und Ätiologie von Cyberkriminalität und -terrorismus, zur Prävention und auch zur Ermöglichung von Strafverfolgung und Interventionstechniken. Ebenfalls im Bereich der Internet-Sicherheit sind der seit 2017 im Aufbau befindliche militärische Organisationsbereich Cyber- und Informationsraum (CIR) der Bundeswehr und die ebenfalls 2017 gegründete „ZITiS – Zentrale Stelle für Informationstechnik im Sicherheitsbereich", die zwar nicht direkt zur Inneren Sicherheit gehören, aber für diese mittelbar relevant sind.

Das Bundesamt für Migration und Flüchtlinge (BAMF) ist keine Sicherheitsbehörde im engeren Sinn, da die Aufgaben in den Bereichen Asylverfahren, Integration, der

Begleitforschung zu Migrationsthemen und anderem liegen. Aber das BAMF führt auch das Ausländerzentralregister (AZR) und erhebt personenbezogene Daten von Migrant/innen, die für die Strafverfolgung z. B. zur Identifizierung von Verdächtigen relevant sind. Zudem befasst sich das BAMF mit Aufgaben der Prävention mit einem besonderen Fokus auf islamistische Radikalisierung.

Zudem gibt es eine Vielzahl an „Behörden und Organisationen mit Sicherheitsaufgaben", die sog. BOS, die beispielsweise bei den Städten, Gemeinden und Kreisen angesiedelt, in der Verantwortung der Bundesländer für den Bereich des Katastrophenschutzes aktiv sind oder zu der nicht-staatlichen Sicherheitsarbeit gezählt werden. Für diesen Bereich wird der Sicherheitsauftrag über die Zentralbereiche der Kriminalitäts-, Extremismus- und Terrorismusbekämpfung z. B. auf Aspekte des Katastrophen- und Zivilschutzes vor Naturgefahren (z. B. Extremwetter, Überflutungen) oder zur Bewältigung von Großschadenslagen (schwere Unfälle, Havarien u. a.) erweitert.

## 3.2.4 Die Gemeinsamen Zentren

Über viele Jahre konnte die oben beschriebene Sicherheitsarchitektur mehr oder minder gut bestehen. Die Aufteilung zwischen Bund und Ländern, zwischen Polizei und Nachrichtendiensten, Inlands- und Auslandsaktivitäten war recht klar. Bedarfsweise kooperierten die Behörden und handelten sonst im Wesentlichen orientiert an ihren jeweiligen Zuständigkeiten. Doch zeigten sich auch immer wieder Schwächen der Struktur mit ihren

Abgrenzungen. Die Probleme der deutschen Sicherheitsbehörden im Umgang mit dem RAF-Terrorismus der 1970er und 1980er Jahre waren evident und wurden teilweise mit einer Stärkung des Bundeskriminalamts und dort durch eine stärkere Orientierung an moderner Datenverarbeitung beantwortet. Das Gladbecker Geiseldrama, bei dem 1988 zwei Verbrecher nach einem Bankraub mit ihren Geiseln durch NRW, Niedersachsen, Bremen und über die Grenze in die Niederlande fuhren bis sie nach drei Tagen gefasst werden konnten, zeigte Defizite in der Kooperation der Länderpolizeien auf. Vor allem waren es aber die späteren Ermittlungserkenntnisse über in Deutschland gelebt und studiert habende Attentäter der Terroranschläge vom 11. September 2001 in New York sowie die sichtbar gewordenen Bedarfe nach mehr *„intelligence"*, also Personen- und Lageinformationen zur Verhinderung von oder Strafverfolgung nach Terrorakten, die verdeutlichten, dass es einer verbesserten Kooperation von Sicherheitsbehörden bedarf. Die Abgrenzungen von Akteuren der Polizei und der Nachrichtendienste und die Kommunikationsdefizite zwischen Bund und Ländern wurden von der Politik und den Spitzenbeamten als deutliches Problem identifiziert. Seither läuft eine mal mehr, mal weniger intensive Diskussion über die Neuausrichtung der staatlichen Sicherheitsarchitektur. Aufgrund der verfassungsrechtlichen Hürden, den erheblichen Bedenken gegen eine stärkere Rolle des Bundes aufseiten der Länder und auch in der Gesellschaft, den immensen organisatorischen und finanziellen Konsequenzen ist jedoch bislang der gravierende Umbau nicht vorgenommen worden. Statt eines Umbaus wurde hingegen mit organisatorischen Ergänzungen versucht, Verbesserungen

zu erreichen, wobei die Gemeinsamen Zentren hier besondere Bedeutung haben.

- Das *Gemeinsame Terrorismusabwehr Zentrum* (GTAZ)
  führt seit 2004 in Berlin Vertreter von Polizeien und
  Nachrichtendiensten des Bundes und der Länder, Zollkriminalamt, Bundesamt für Migration und Flüchtlinge sowie die Generalbundesanwaltschaft zusammen,
  um eine Bekämpfung des islamistischen Terrorismus zu
  fördern.
- Nach diesem Vorbild wurde 2007 ebenfalls in Berlin
  das *Gemeinsame Internet-Zentrum* (GIZ) geschaffen, das
  sich mit der Bekämpfung des islamistischen Terrorismus im Internet befasst und damit einen engeren Auftrag hat als das
- *Nationale Cyber-Abwehrzentrum* (NCAC) mit den
  „Kernmitgliedern" Bundesamt für Sicherheit in der
  Informationstechnik, Bundesamt für Verfassungsschutz
  und Bundesamt für Bevölkerungsschutz und Katastrophenhilfe sowie den assoziierten Behörden BKA,
  Bundespolizei, Zollkriminalamt, BND, MAD und
  Bundeswehr (gegr. 2011, Sitz in Bonn).
- Das *Gemeinsame Analyse- und Strategiezentrum illegale Migration* (GASIM) bietet die Kooperationsplatt-
  form für Bundespolizei, Bundesamt für Migration und
  Flüchtlinge, Finanzkontrolle Schwarzarbeit der Bundes-
  zollverwaltung, BKA, BND sowie bedarfsweise Auswär-
  tiges Amt und Bundesamt für Verfassungsschutz (gegr.
  2006, Sitz in Potsdam).
- Das GETZ – *Gemeinsames Extremismus- und Terroris-
  musabwehrzentrum* wurde 2012 in Köln eingerichtet

und befasst sich mit Rechts-, Links- und Ausländer-extremismus und -terrorismus, Spionageabwehr und Proliferation. Beteiligt sind Bundes- und Landes-kriminalämter, Nachrichtendienste des Bundes und der Länder, die Generalbundesanwaltschaft und das Zollkriminalamt, das Bundesamt für Migration und Flüchtlinge sowie das Bundesamt für Wirtschaft und Ausfuhrkontrolle.

• Als interministerielle Dienststelle von Bundeswehr – Luftwaffe, Bundespolizei und der Deutschen Flugsi-cherung agiert seit 2003 das *Nationale Lage- und Füh-rungszentrum Sicherheit im Luftraum* (NLFZ SiLuRa) in Kalkar.

Nach Stegmaier und Feltes (2007, S. 20) betreiben solche Zentren „transinstitutionales Polizieren": „Zu den Beson-derheiten der Vernetzung der Sicherheitsbehörden gehört die spezifische (Arbeits-)Logik der Netzwerkkooperation, nach der auf mehreren Ebenen polyarchisch und poly-zentrisch kooperiert wird mithilfe der Mischung dezent-raler und zentraler, vertikaler und horizontaler, regionaler, nationaler und transnationaler Organisation, während im Rahmen von traditionellen Strukturen viel stärker hierar-chisch und national oder lokal gearbeitet wird."

**Polizieren** ist der etwas holprige deutsche Begriff des im Englischen üblichen Begriff *policing*. Er beschreibt als Sub-stantiv oder Partizip Aspekte der Polizei-, Ordnungs- und Sicherheitsarbeit. P. ist somit nicht ausschließlich auf das Handeln der Polizei bezogen, obgleich die Aufgaben der Polizei selbstverständlich zum Polizieren gehören. Vielmehr werden auch Leistungen bspw. der Kommune (insb. der Ordnungsbehörden), des Privaten Sicherheitsgewerbes und weiterer Akteure von P. erfasst, wenn sie darauf gerichtet sind, Ordnung und Sicherheit zu gewährleisten, zu kontrollieren und zu überwachen.

Explizit ausgewiesen als Koordinationszentren und nicht mit eigenem Behördencharakter ausgestattet oder auf spezifischer Gesetzesgrundlage sollen in den Zentren Lageinformationen zusammengestellt werden, die Kommunikation über Behördengrenzen erleichtert und das operative Vorgehen unterstützt werden. Sie sollen also – so Stegmaier und Feltes (2007, S. 21) – im Schatten der verwaltungsrechtlich und politisch-administrativ geprägten „harten Strukturen" und deren hierarchischem Denkmodell nun mit „weichen Kooperationsstrukturen" die Kulturen der Eigenständigkeit und Konkurrenz von Behörden aufbrechen und Kooperations- und Synergieerträge schaffen.

Am Beispiel des größten und zzt. wohl sicherheitspolitisch bedeutsamsten Gemeinsamen Terrorismusabwehrzentrums kann verdeutlicht werden, welche Funktion ein solches Zentrum hat. Mit den jeweils 16 Landeskriminalämtern und Landesverfassungsschutzbehörden sowie dem Bundesamt für Verfassungsschutz, dem Bundeskriminalamt, dem Bundesnachrichtendienst, dem Generalbundesanwalt, der Bundespolizei, dem Zollkriminalamt, dem Bundesamt für Migration und Flüchtlinge sowie dem Militärischen Abschirmdienst entsenden 40 Sicherheitsbehörden Vertreter in das Zentrum, das beim BKA in Berlin eingerichtet wurde. Neben der täglichen Lagebesprechung und der stetig aktualisierten Gefährdungsbewertung werden Informationen zu Fällen und Analysen ausgetauscht, das islamistisch-terroristische Personenpotenzial betrachtet, über statusrechtliche Aspekte beraten, Möglichkeiten der Deradikalisierung bedacht und die transnationale Struktur des islamistischen Terrorismus beleuchtet. Grundlage bilden – die weiterhin technisch und räumlich getrennten – Informationen, die von der Nachrichtendienstlichen Informations- und Analysestelle (NIAS) und der Polizeilichen Informations- und Analysestelle (PIAS) für die jeweiligen Bereiche aufbereitet werden (vgl. Abb. 3.2).

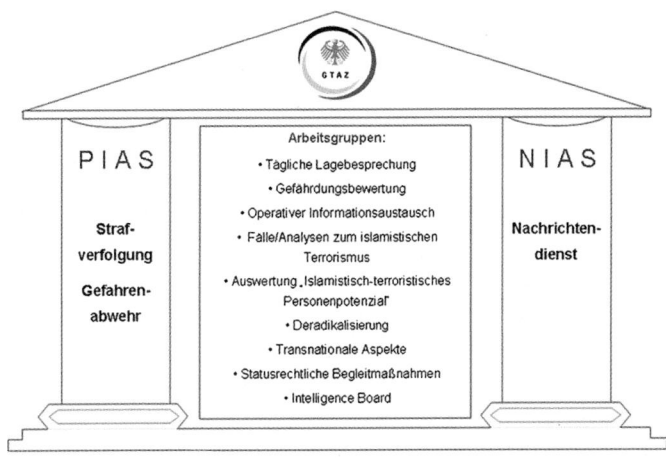

**Abb. 3.2** Aufbau und Aufgaben des GTAZ. (Quelle: https://www.verfassungsschutz.de/de/arbeitsfelder/af-islamismus-und-islamistischer-terrorismus/gemeinsames-terrorismusabwehrzentrum-gtaz)

Die Überwindung der Grenzen von Nachrichtendiensten und Polizei, Akteuren der inneren und äußeren Sicherheit, Bund und Ländern steht dabei im Vordergrund.
Auf der Grundlage der Effektivitäts- und Effizienzüberle-
gungen werden damit jedoch auch verfassungsrechtliche
Prinzipien (zumindest) tangiert. Kritiker der Gemeinsamen Zentren verweisen u. a. auf das Aufweichen des Trennungsgebots von Polizei und Nachrichtendiensten, auf
Defizite im Bereich des Datenschutzes, mangelnde rechtliche Fundierung der Zentren als „hybride Organisationen"
und die Grenzen deren politischer Kontrolle (exemplarisch
Wörlein 2008). Andererseits heben Befürworter hervor,
dass die beteiligten Behörden den Erfolg feststellen, Vertrauen gewachsen und wechselseitiges Verständnis entstan-
den sei (exemplarisch Stock 2014, S. 42).

Das GTAZ verweist darauf, dass mehrere Terroranschläge verhindert werden konnten, z. B. die geplanten
Angriffe der sog. „Sauerland-Gruppe", und mehrere Terroristen enttarnt, festgenommen und/oder abgeschoben wurden. Andererseits zeigte der Fall Anis Amri, der 2016 mit
einem LKW einen Anschlag auf einen Berliner Weihnachtsmarkt ausübte, dass auch trotz vieler vorliegender Daten
und trotz mehrfacher Beratungen über Amri im GTAZ
Erkenntnis- und Bewertungsdefizite bestehen können.

### 3.2.5  Staatliche Sicherheitsarchitektur
####  im Umbruch

Zwar hat sich im politischen und auch im wissenschaftlichen Sprachgebrauch der Begriff Sicherheitsarchitektur
weitgehend durchgesetzt, doch ist zu fragen, ob hier die

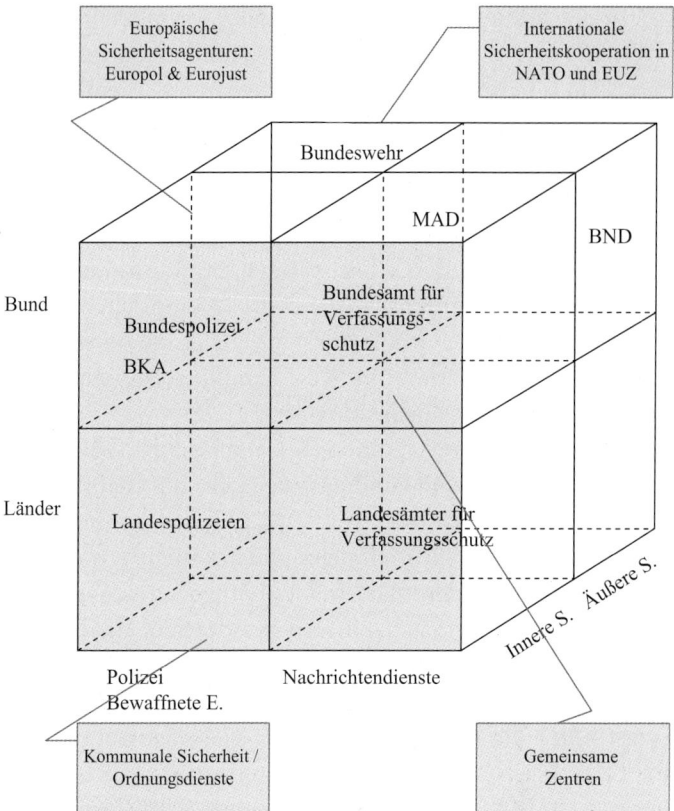

Europäische Sicherheitsagenturen: Europol & Eurojust

Internationale Sicherheitskooperation in NATO und EUZ

Bundeswehr

MAD

BND

Bund

Bundespolizei

Bundesamt für Verfassungs- schutz

BKA

Länder

Landespolizeien

Landesämter für Verfassungsschutz

Polizei Bewaffnete E.

Nachrichtendienste

Innere S. Äußere S.

Kommunale Sicherheit / Ordnungsdienste

Gemeinsame Zentren

**Abb. 3.3** Modell der deutschen Sicherheitsarchitektur. (Quelle: Eigene Darstellung)

Analogie zu einem komplexen Gebäude noch angebracht ist – oder dies jemals war (Abb. 3.3). Die „Baupläne", die mit der Gründung der Bundesrepublik Deutschland und ihrer Länder in den späten 1940er Jahren gezeichnet wur- den, sind in den Grundmustern noch erkenntlich. Die Polizeien sind weiterhin Ländersache, die Aufgabenteilung

der in den frühen Jahren der Republik gegründeten Nachrichtendienste besteht noch, die Zusammenarbeit von
Bund und Ländern in Sicherheitsfragen ist ebenfalls im
Grundgesetz geregelt und ein Bundeskriminalpolizeiamt –
so die Formulierung in Art. 73 GG – besteht.

Doch haben die Ereignisse und Erfahrungen mit Sicherheitsproblemen immer wieder zu Änderungen geführt und
Anpassungen erfordert. Die Studentenproteste um das
Jahr 1968, der Terroranschlag auf die Olympischen Spiele
1972, der deutsche RAF-Terror Mitte bis Ende der 1970er,
die Auswirkungen des Ost-West-Konflikts bis 1990 wie
auch die deutsche Wiedervereinigung 1989 waren zeitge-
schichtlich relevante Prägungen. Doch auch besondere
Kriminalitätsfälle, Geheimdienstskandale, der islamistische
Terrorismus und Formen von Organisierter Kriminalität,
der Cyberkriminalität und vieles anderes mehr erforderten
immer wieder Änderungen in den Aufgabenbeschreibun-
gen der Behörden. Sie waren mit personellen, finanziellen
und technischen Ressourcenzuweisungen verbunden oder
spiegeln sich in geänderten Kompetenzzuschreibungen.
Oder – um die Architekturanalogie wieder aufzugreifen –
im Gebäude wurden – unter weitgehender Wahrung der
Statik – Wände versetzt, Nutzungen von Zimmern geän-
dert und Anbauten geschaffen, die sich mal ästhetisch
schön einpassten oder mal hässlich angesetzt wurden und
fremdartig wirken. Die klaren Formen sind nicht mehr
immer zu erkennen.

Auch die jeweiligen Absichten der einzelnen mitwirken-
den Architekten sind im Laufe der Zeit wechselhaft. In den
1960er bis '80er Jahre wurde versucht, den Herausforderungen des innerstaatlichen Protests der Studenten-, der Bür-
gerinitiativ- oder Anti-AKW-Bewegung zu begegnen und

die Polizeien wurden schließlich vom Bundesverfassungsgericht mit dem berühmt gewordenen sog. Brokdorf-Urteil[3] darauf hingewiesen, dass sie nicht nur der Staatsräson verpflichtet seien, sondern auch die bürgerschaftlichen Beteiligungsrechte, insbesondere das Versammlungsrecht, zu schützen haben (Götz 1985). Auf die Herausforderungen des Terrorismus wurde nach dem Olympiaattentat u. a. mit der Gründung von Spezialeinsatzkommandos wie der berühmt gewordenen GSG 9 beim damaligen Bundesgrenzschutz und später mit den SEKs bei den Länderpolizeien geantwortet. Vor allem die späten 1990er und frühen 2000er waren polizeipolitisch durch den allgemeinen Trend der Verbetriebswirtschaftlichung des Staatsapparats mit Effektivitäts-, Effizienz- und Kostenreduktionsprogrammen geprägt (Lange und Schenck 2004). Der islamistische Terrorismus führte nach 9/11 zu neuen Schwerpunktsetzungen und nach den Anschlägen in den mittleren 2010er Jahren wurde die Sparpolitik bei der Polizei beendet, was zu einer technischen Aufrüstung und personellen Aufstockung führt.

Viele der Änderungen wurden zunächst inkrementalistisch vorgenommen: Ablaufprozesse wurden neu geregelt, Organisationseinheiten wurden verschoben, verkleinert/vergrößert, spezialisiert u. a. m. Manche der Änderungen sind schon weitreichender und haben Auswirkung auf die Gesamtstruktur, wozu beispielsweise die Gründung der Gemeinsamen Zentren zu zählen ist. Andere Bemühungen, die sich auf die Gesamtarchitektur beziehen, sind

---

[3]BVerfGE 569, 315, Beschluss vom 14.05.1985.

bislang häufig im Status der Diskussion verloren gegangen. Beispielhaft ist hier auf die Werthebach-Kommission zu verweisen. Unter der Leitung von Eckart Werthebach hat eine „Kommission zur Evaluierung der Sicherheitsbehörden" 2010 im Auftrag des Bundesinnenministers Thomas de Maizière Vorschläge für eine Neuordnung der Sicherheitsbehörden auf Bundesebene erarbeitet. Unter anderem wurde die Zusammenlegung von Bundeskriminalamt und Bundespolizei vorgeschlagen und auch für die Behörden im Bereich des Bundesfinanzministers (Finanzkontrolle Schwarzarbeit, Zollkriminalamt, Zollfahndungsdienst) Anpassungen angeregt (vgl. Schuster 2017). Unter anderem verhinderten erhebliche Proteste aus der Mitarbeiterschaft der Behörden die Umsetzung. Mit einem erneuten Vorstoß versuchte de Maizière Anfang 2017 die Diskussion über die Sicherheitsarchitektur zu intensivieren, wobei er die Bundesebene durch die Auflösung der Länder-Verfassungsschutzbehörden und Verlagerung auf das BfV stärken wollte (vgl. Abschn. 4.4). Zudem sollte der Bund die Abschiebung von ausreisepflichtigen Ausländern (also abgelehnten Asylbewerbern) in Bundesausreisezentren übernehmen.[4] Hier waren es vor allem die Länder, die sich gegen diese Pläne stellten und auf ihre verfassungsmäßigen Zuständigkeiten verwiesen.

So besteht zwar weitgehend Einigkeit bei vielen Fachpolitikern und Spitzenvertretern der Sicherheitsbehörden, dass

---

[4]Thomas de Maizière: Unsere Sicherheitsarchitektur stammt aus den fünfziger Jahren. ZEIT-online (11.01.2017) http://www.zeit.de/politik/deutschland/2017-01/thomas-de-maiziere-sicherheit-terror-zentralisierung-deutschland. (zuletzt abgerufen: 11.02.2017).

die Sicherheitsarchitektur verändert werden muss, doch sind die Bedenken und Widerstände bei vielen Vorschlägen groß: Einerseits sind es verfassungsrechtliche Vorgaben – oder auch deren Interpretation durch Interessensträger zumeist in den Ländern, die hindernd wirken. Andererseits ist auch in diesem Politikfeld die Pfadabhängigkeit groß. Gewachsene Strukturen erschweren eine Neugestaltung der Sicherheitsarchitektur. Zum Dritten wird darauf verwiesen, dass die föderale Struktur und die (relative) Kleinteiligkeit der Behördenbedingungen zwei wesentliche Vorteile haben (die immer wieder im Kontext der deutschen Föderalismusdiskussion angeführt werden): a) die Nähe zu den örtlichen Problemlagen und Besonderheiten in den Ländern und b) die erweiterten Möglichkeiten, für das operative Handeln mit einzelnen Versuchen in den Ländern Besserungen zu suchen und im Wettbewerb zu testen, anstatt dass große Einheiten von Umwälzungen betroffen sind.

## 3.2.6 Kontrolle der Sicherheitsbehörden

Die Sicherheitsarbeit von staatlichen Behörden ist in vielerlei Hinsicht problemanfällig. Polizeiliches Einschreiten und die Anwendung von Zwang bei Streitigkeiten oder im Kontext von Festnahmen können mit Gewaltmissbrauch einhergehen. Kontrollmaßnahmen von Polizei oder Nachrichtendiensten greifen in Freiheitsrechte und das Recht auf Privatheit ein. Nachrichtendienste können mit ihrer Orientierung an Geheimnissen ein Eigenleben entwickeln und in Informations- und Datensammelwut münden – wie im Fall der Zusammenarbeit des BND mit amerikanischen und englischen Geheimdiensten, wie sie im NSA-Skandal und um den Whistleblower Edward Snowdon offenbar wurde.[5] Falsche Ermittlungsansätze können dazu führen, dass Täter und Tatstrukturen – wie beispielsweise die Mordserie der rechtsextremistischen Terrorzelle NSU – nicht erkannt werden.[6] Und mangelhafter Informationsaustausch und fehlerhafte Bewertungen führen dazu, dass Täter nicht rechtzeitig gehindert werden, Anschläge zu begehen, wie es mit dem Attentäter Anis Amri geschah, der ein Attentat auf einen Berliner Weihnachtsmarkt verübte.[7] – Diese und viele weitere Fälle zeigen eine besondere Fehler- sowie Skandalisierungsanfälligkeit von Sicherheitsarbeit und verweisen auf den Bedarf der Kontrolle der Sicherheitsbehörden.

In Deutschland besteht für die Kontrolle der Sicherheitsbehörden ein ausdifferenziertes System:

- Die allgemeine Dienstaufsicht, die sich beispielsweise mit vermeintlichem oder tatsächlichem Fehlverhalten von Polizisten befasst, wird von Führungskräften behördenintern oder über speziell eingerichtete Abteilungen oder Dezernate bei Oberbehörden ausgeübt,
- die Fach- und Rechtsaufsicht ist bei besonderen Verwaltungseinheiten oder in den zuständigen Ministerien angesiedelt.

---

[5]Vgl. die Artikelserie unter http://www.zeit.de/thema/nsa (zuletzt abgerufen: 14.02.2017).

[6]Vgl. die Artikelserie unter http://www.zeit.de/thema/nsu-mordserie (zuletzt abgerufen: 14.02.2017).

[7]Vgl. die Artikelserie unter http://www.zeit.de/thema/anis-amri (zuletzt abgerufen: 14.02.2017).

- Gegen fehlerhaftes Verhalten von Beamt/innen kann von einem Geschädigten beim Verwaltungsgericht und ggf. vor dem Strafgericht geklagt werden.

- Richtervorbehalte fordern von Polizeibehörden die Einholung einer richterlichen Genehmigung für verschiedene Maßnahmen, die in verfassungsrechtlich geschützte Bereiche eingreifen, wie beispielsweise Wohnungsdurchsuchungen, Telefonüberwachung, Freiheitsentziehungen oder körperliche Eingriffe.

- Für die parlamentarische Kontrolle der Sicherheitsbehörden besteht ein abgestuftes Arsenal an Instrumenten von schriftlichen und mündlichen Fragen, die Kleine und Große Anfrage, die Vorladung des Ministers oder führender Ministerialbeamt/innen in den zuständigen Fachausschuss (hier: Innenausschuss eines Landtags oder des Bundestags) bis hin zur Einsetzung von Parlamentarischen Untersuchungsausschüssen.

- Der Bundestag und die Länderparlamente haben sog. „G 10-Kommissionen" eingesetzt. Mit Bezug auf den Artikel 10 GG (Brief-, Post- und Fernmeldegeheimnis) überprüfen die mit politischen und juristischen Fachleuten besetzten Kommissionen Eingriffe von Nachrichtendiensten in den genannten Schutzbereich.

- Die Datenschutzbeauftragten der Länder und des Bundes kontrollieren die Einhaltung der datenschutzrechtlichen Vorgaben aus z. B. den Polizeigesetzen und berichten öffentlich wie auch dem Parlament.

- Rechnungshöfe kontrollieren den Einsatz von finanzwirksamen Ressourcen.

Die genannten Instrumente sind rechtsstaatlich geboten, in den Zielen und Vorgehensweisen der Kontrolle abgestuft für unterschiedliche Probleme differenziert und tragen (meistens) dazu bei, einerseits präventive Wirkung zu entfalten und andererseits Fehler aufzudecken. Nach Einschätzung vieler Wissenschaftler (vgl. die Beiträge in den Sammelbänden Liebl 2004; Frevel und Behr 2015) ist jedoch das Kontrollsystem noch stark auf Fehlerentdeckung und Sanktionierung ausgerichtet, doch mangele es den Sicherheitsbehörden (und deren politischer Führung) zumeist an einer Fehlerkultur. Das „Lernen aus Fehlern" mit der Aufbereitung von Fehlerquellen und die gemeinsame Entwicklung von Maßnahmen zur Fehlervermeidung stehe hinter den eher rechtlich und formal geprägten Formen des *„shaming and blaming"* von Verursachern und politisch Verantwortlichen zurück. Zudem sei auch die niederschwellige Bearbeitung von Konflikten um Fehlverhalten von z. B. Polizisten oder Organisationsversagen in Deutschland noch sehr unterentwickelt. Während in anderen Ländern wie im Vereinigten Königreich mit der *Independent Police Complaints Commission,* in den USA mit diversen Polizeibeschwerdestellen oder in Schweden mit dem Reichsombudsmann unabhängige Beschwerdestellen eingerichtet wurden, sträuben sich in Deutschland noch der Bund und einige Länder gegen solche Einrichtungen in Deutschland. Träger des Widerstands sind i. d. R. die CDU, CSU und auch Teile der SPD sowie vor allem die Polizeigewerkschaften, während die Befürworter insbesondere bei den Grünen und zivilgesellschaftlichen Organisationen zu treffen sind. Bisher haben seit 2014 nur die Länder Rheinland-Pfalz, Schleswig-Holstein,

Baden-Württemberg und Berlin eine/n unabhängige/n Polizeibeauftragte/n installiert und dies mit dem Amt des/der Bürgerbeauftragen kombiniert (vgl. Aden 2013; Töpfer und Normann 2014).

## 3.3  Parteipolitische Positionen zur Inneren Sicherheit

Vor dem Hintergrund der Sicherheitslage, dem wachsenden Unsicherheitsgefühl der Bevölkerung und einer veränderten Wertigkeit von Sicherheit stehen die Parteien unter dem Druck, sich politik- und wahladäquat zu Fragen der Inneren Sicherheit zu positionieren. In den jeweils gefundenen Antworten spiegeln sich in besonderem Maße stets auch die politischen Ideologien wider, mit denen spezifische Staats- und Menschenbilder verbunden sind. Diese prägen nach wie vor die Grundausrichtungen der Parteien in Deutschland und wirken sich auf deren Verständnis der Methoden staatlicher Sicherheitsgewährung aus.

In durchaus starker Vereinfachung lassen sich folgende Strömungen typologisieren (Frevel und Rinke 2017, S. 6 f.):

• Der Konservatismus ordnet den Staat, der das Gemeinwohl kennt und verfolgt, der Gesellschaft über. Da die Menschen tendenziell geneigt sind, sich abweichend zu verhalten, bedarf es eines gewissen Maßes an Kontrolle und Sanktion, um das geordnete Gemeinwesen zu erhalten. In eher konservativen Positionen treten die individuellen Rechte also häufig hinter den kollektiven Rechten der Gemeinschaft zurück, und der Polizei werden weitreichende Eingriffs- und Kontrollrechte zuerkannt.

- Der Liberalismus stellt hingegen die Freiheit des Individuums sowie die Selbstregelungskräfte der Gesellschaft in den Mittelpunkt und zeichnet sich durch eine kritische Haltung gegenüber dem Obrigkeitsstaat aus. Der Staat soll in erster Linie eine Schutzfunktion erfüllen, die dem durch die Gesellschaft formulierten Schutzbedürfnis entspricht, und der Wahrung der Freiheitsrechte der Bürgerinnen und Bürger dienen. Durch umfassende rechtsstaatliche Vorkehrungen soll staatlichem Machtmissbrauch vorgebeugt werden.

- Der Sozialismus betont die Wechselbeziehung von Staat und Gesellschaft und schließt aus der sozialen Fürsorgefunktion des Staates auf seine allgemeine, relativ weitgehende Steuerungsfunktion. Entsprechend wird in eher sozialdemokratischen Vorstellungen abweichendes Verhalten häufig als Folge sozialer Probleme und Ungleichheiten aufgefasst, die der Staat bekämpfen muss. Der politische Ansatz auf dem Feld der Inneren Sicherheit basiert daher auf den beiden Pfeilern einer präventiven und intervenierenden Sozialpolitik einerseits und einer repressiven Polizeistrategie andererseits, die Täter jedoch nicht stigmatisieren und ausgrenzen soll.

- Die ökologisch-demokratische Denkrichtung paart eine liberale Sicht auf das bürgerschaftliche Freiheits- und Partizipationsbedürfnis sowie auf den Obrigkeitsstaat mit einem sozialdemokratischen Reform- und Regelungsverständnis. Abweichendes Verhalten wird auch hier häufig als Folge sozialer Schieflagen interpretiert, die jedoch nur bedingt durch polizeiliches Handeln zu bekämpfen sind.

- Der Nationalismus schließlich kombiniert konservative Positionen mit Vorstellungen einer (vermeintlich) ebenso klar definierbaren wie homogenen kollektiven Identität und der Betonung nationaler Selbstbestimmung, was zu einer teils latenten, teils manifesten Ausgrenzung des „Fremden" mit einer besonderen Kriminalisierung von Zuwanderern führt.

In der politischen Ordnung der Bundesrepublik schlägt sich keine dieser Strömungen eins zu eins nieder, vielmehr sind sie in den Tendenzen der Justiz- und Polizeipolitik erkennbar. Das liegt unter anderem an der Grundgesetzbindung, der Entwicklungsgeschichte im Politikfeld Innere Sicherheit, den sich wandelnden Sicherheitsansprüchen der Bürgerschaft, der teilweise Anfälligkeit des Themas für populistische Zungenschläge sowie an den vielfältigen Koalitionsbindungen auf Bundes- und Landesebene. Insgesamt ist auf der (partei)ideologischen Ebene eine größere Nähe zwischen CDU/CSU und SPD festzustellen, die aus teils unterschiedlichen Gründen auf einen starken, intervenierenden Staat setzen, als zwischen den Volksparteien und ihren kleineren Koalitionspartnern, die die bürgerlichen Freiheitsrechte stärker betonen. Das zeigt sich auch an den programmatischen Vorschlägen der Parteien zur Inneren Sicherheit im Vorfeld der Bundestagswahl 2017, von denen einige im Folgenden schlaglichtartig beleuchtet werden.

Ein Fokus der aktuellen sicherheitspolitischen Diskussion richtet sich auf die Polizei als die überall präsente und weithin anerkannte Sicherheitsbehörde, die (auch bewaffnet) Schutz gewährt. Ihr kommt die besondere Funktion zu, sowohl in der Gefahrenabwehr als auch in der Strafverfolgung eine bürgernahe Sicherheitsarbeit zu leisten. Die besondere Belastung der Polizei durch zahlreiche Einsätze zum Schutz von Veranstaltungen und Gebäuden sowie bei Fußballspielen und Demonstrationen wird von allen politischen Akteuren gewürdigt. So gibt es eine große grundsätzliche Übereinstimmung zwischen den Parteien bei der Forderung nach „mehr Polizei", der sich nun auch die bislang eher polizeikritischen Grünen und Linken angeschlossen haben. Betont wird die notwendige Entlastung der Polizei von anderen Aufgaben wie der Begleitung von Schwerlasttransporten oder leichteren Amtshilfen, um sie effektiver einsetzen und ihre Präsenz im öffentlichen Raum erhöhen zu können.

Deutliche Unterschiede zwischen den Parteipositionen gibt es hingegen mit Blick auf die Befugnisse der Polizei, wie etwa an den Positionen zur Videoüberwachung des öffentlichen Raumes deutlich wird. Der traditionellen Rechts-Links-Dichotomie des politischen Spektrums folgend, zeigen sich an diesem Beispiel Abstufungen von der völligen Zustimmung über Zurückhaltung bis hin zur offenen Ablehnung. So fordert die AfD (2017, S. 24) die Möglichkeit, an kriminalitätsneuralgischen Orten eine Überwachung mit Gesichtserkennungssoftware einsetzen zu können. Die CDU/CSU (2016, S. 2) beklagt die ihrer Ansicht nach bisher mangelhafte Videokontrolle: „Es kann und darf nicht sein, dass die Polizei bei Amokläufen und Terroranschlägen auf Handyvideos und -fotos von Zeugen angewiesen ist, um Täter zu identifizieren und den Ablauf

der Ereignisse zu rekonstruieren." Auch die SPD und die
FDP lehnen das Instrument der Videoüberwachung des
öffentlichen Raumes nicht ab. Rhetorisch etwas zurück-
haltender positionieren sich derweil die Grünen (2017,
S. 138), die dem Instrument bescheinigen, eine „sinnvolle
Maßnahme" sein zu können. Lediglich Die Linke (2017,
S. 113) wendet sich mit Verweis auf den Schutz des Rechts
auf informationelle Selbstbestimmung gegen deren Einsatz. Bürgerrechtsorientiert stellen sich FDP (2017, S. 77),
Grüne (2017, S. 136) und Linke (2017, S. 113) gegen die
Ausweitung der sogenannten Vorratsdatenspeicherung,
während die CDU/CSU (2016, S. 4) diese weiterhin fordert und die SPD (2015, S. 55) ihr zustimmt – ergänzt
allerdings um den Wunsch nach Schutzmaßnahmen für
die Privatsphäre.

Weit auseinander gehen die Einschätzungen der Parteien zur Rolle der Nachrichtendienste sowie der Verfassungsschutzbehörden des Bundes und der Länder, die in
den zurückliegenden Jahren in Skandale verstrickt waren.
So wies der NSU-Untersuchungsausschuss des Bundesta-
ges den Verfassungsschutzämtern im Zusammenhang mit
ihren jahrelangen erfolglosen Ermittlungen zu der Mordserie an neun aus der Türkei und Griechenland stammenden Kleinunternehmern zwischen 2000 und 2006, den
beiden gegen Migranten gerichteten Sprengstoffanschlä-
gen in Köln 2001 und 2004 sowie dem Mord an einer
Polizistin in Heilbronn 2007 schwere Fehler nach.[8] 2013
wurde offenbar, dass der Bundesnachrichtendienst ohne

---

[8]Vgl. Bundestagsdrucksache 17/14600, 22.08.2013.

Kenntnis des Geheimdienstkoordinators der Bundesregierung und des zuständigen Parlamentarischen Kontrollgremiums in großem Umfang Daten aus der eigenen Fernmeldeaufklärung an die National Security Agency der Vereinigten Staaten übermittelte.

Die SPD (2017, S. 71 f.) betont vor diesem Hintergrund die Notwendigkeit rechtsstaatlich legitimierter, leistungsfähiger Nachrichtendienste mit umfassender parlamentarischer Kontrolle. Einen ganz anderen Akzent setzen die Grünen (2017, S. 142), die nichts Geringeres als einen „Neustart beim Verfassungsschutz" fordern: „Statt des Bundesamtes für Verfassungsschutz in seiner ineffektiven aktuellen Form wollen wir ein personell und strukturell völlig neues Bundesamt zur Gefahren- und Spionageabwehr gründen, das klar abgegrenzt von polizeilichen Aufgaben arbeitet". Hingegen möchte die Union (2016, S. 11) die Kompetenzen der Verfassungsschutzämter auch für die Kontrolle bislang polizeilicher Felder wie der Kontrolle der organisierten Kriminalität erweitern, während Die Linke (2017, S. 113) die Abschaffung der Geheimdienste als „Fremdkörper in einer Demokratie" fordert.

Eine weitere sicherheitspolitische Baustelle ist die Ausgestaltung beziehungsweise Neuordnung der Sicherheitsarchitektur, deren komplexe, unübersichtliche Verfasstheit unter den Bedingungen fortschreitender Globalisierung inzwischen weithin als reformbedürftig angesehen wird. So führen die sich teils überlappenden, teils strikt voneinander getrennten Strukturen und Kompetenzen der Sicherheitsakteure, die sich etwa in der föderalismusbedingten

Pluralität der Polizei, der Trennung von Polizei und Nachrichtendiensten sowie der Unterscheidung von Innerer
und Äußerer Sicherheit niederschlagen, zu Kompetenz-
streitigkeiten und Zuständigkeitslücken, die eine effektive
Kriminalitätsbekämpfung be-, wenn nicht gar verhindern.
Wie eine effektivere und effizientere Sicherheitsarchitektur erreicht werden kann, ist unter den Parteien jedoch
umstritten.

Bundesinnenminister Thomas de Maizière (CDU)
etwa forderte Anfang 2017 unter anderem die Stärkung
des BKA und die Weiterentwicklung der Bundespolizei
zu einer „echten Polizei" sowie die Abschaffung der Landesverfassungsschutzämter. Der Bund brauche eine Steu-
erungskompetenz über alle Sicherheitsbehörden. Auch
möchten die Unionsparteien das Gemeinsame Terrorabwehrzentrum stärken und ausbauen (CDU/CSU 2017,
S. 61). Eine Verlagerung von Länderkompetenzen auf
den Bund beziehungsweise eine Stärkung der Bundes-
behörden wird von der AfD (2017, S. 23) mit der Forderung nach der Überführung der Bereitschaftspolizeien
der Länder in die Bundespolizei unterstützt. Demgegen-
über lehnen die anderen Parteien eine solche Verlagerung
ab. Stattdessen plädieren sie für eine verbesserte Koordination der Sicherheitsbehörden. Hier betont die SPD
(2017, S. 69) beispielsweise die Rolle des BKA, während
die FDP (2017, S. 41) eine engere Zusammenarbeit, einen
leichteren Informationsaustausch sowie den Abbau von
Doppelzuständigkeiten fordert. Für den Einsatz der Bundeswehr im Innern setzen sich bislang nur die Unionsparteien ein, während die anderen Parteien die Trennung der

Zuständigkeiten der Bundeswehr für die Äußere und der Polizei für die Innere Sicherheit beibehalten wollen.

Auffällig ist bei der Betrachtung der parteipolitischen Diskurse zur Inneren Sicherheit, dass für die „harten" Aspekte wie Kompetenzen und Ausstattung der Sicherheitsbehörden die Konflikt- und Argumentationslinien relativ klar sind. Deutlich blasser sind hingegen die Haltungen zur Prävention. In der Berliner Erklärung der Innenminister der Union (CDU/CSU 2016, S. 2) erscheint der Begriff nur einmal und wird nicht weiter ausgeführt, im Bundestagswahlprogramm kommt er im Zusammenhang mit der Bekämpfung von Fluchtursachen einmal vor (CDU/CSU 2017, S. 7). Die AfD verwendet ihn gar nicht. Die FDP (2017, S. 114) verweist auf die Präventionsbedarfe unter dem Aspekt der Radikalisierung, aber nicht zu anderen Feldern der Inneren Sicherheit, und Die Linke (2017, S. 120) fordert sie bei der Drogenpolitik und der internationalen Sicherheit. Lediglich die Grünen (2017, S. 136–145) und die SPD (2017, S. 68–74) stellen in fast allen Bereichen der Inneren Sicherheit, also Alltagskriminalität, Terrorismus, Radikalisierung, Extremismus, Gewalt und Diskriminierung auch immer wieder die Notwendigkeit von Prävention heraus. Daraus ist auf eine weit verbreitete Vorstellung von einer staatlich getragenen, eingriffsorientierten Sicherheitsarbeit zu schließen, die die immense Wirkung von gesellschaftlichen Beiträgen zur Schaffung von Sicherheit und Ordnung sowie den zugrunde liegenden Faktoren wie Beteiligung und Zusammenhalt unterschätzt.

# 3.4    Sicherheitswirtschaft

„Die Gewährleistung der Inneren Sicherheit ist staatliche Aufgabe" (IMK 2009). – So klar und richtig der Satz aus dem von der Innenministerkonferenz beschlossenen „Programm Innere Sicherheit" ist, so schwammig und tendenziell falsch wird er beim zweiten Blick. Ist die staatliche Aufgabe der Gewährleistung notwendig damit verbunden, dass der Staat selbst Leistungsträger ist – oder reicht es, wenn der Staat Sorge trägt, dass notwendige Schutz- und Sicherungsaufgaben übernommen werden, egal ob von Beamten oder Beschäftigten privater Firmen? Wo sind die Grenzen der „Inneren" Sicherheit zu anderen Sicherheitsbereichen? Kann sich der Staatsauftrag auf die „öffentliche" Sicherheit beziehen, mit der die „Unverletzlichkeit der Rechtsordnung, der subjektiven Rechte und Rechtsgüter des Einzelnen sowie des Bestandes, der Einrichtungen und Veranstaltungen des Staates oder sonstiger Träger von Hoheitsgewalt" gemeint ist (Kugelmann 2012, S. 77)? Und was ist dann mit den privaten Sicherheitsbedürfnissen, die der öffentlichen Gefahrenabwehr vorgelagert sind? Wie sieht es mit den Fragen von Sicherheit und Ordnung aus, die nicht im öffentlichen Bereich, sondern im privaten oder halböffentlichen Raum auftreten? Wo endet oder beginnt der staatliche Sicherheitsauftrag, wenn beispielsweise bei einem Fußballspiel 60.000 Menschen, so viele wie eine Mittelstadt Einwohner hat, zusammentreffen? Ist das Stadiontor dann die Grenze von „öffentlicher" und „privater" Sicherheit? Und gilt diese dann auch in Bezug auf den Sicherheitsaspekt der Strafverfolgung?

Mit der allgemeinen Bedeutungszunahme der Sicherheit als Wert, als Schutzgut und Bedürfnis der Menschen wird Sicherheit auch zu einer wirtschaftlichen Ware. Diese Ware wird in unterschiedlichen Formen von der sog. Sicherheitswirtschaft Privatpersonen, Unternehmen, Veranstaltern und auch der öffentlichen Verwaltung angeboten und von diesen „konsumiert". Vor allem in den letzten drei Jahrzehnten hat die Sicherheitswirtschaft einen deutlichen Aufschwung erlebt und konnte sich als Akteur der Inneren Sicherheit weitgehend etablieren. Sie konnte in den 1990er und frühen 2000er Jahren davon profitieren, dass der Staat den „schlanken Staat" postulierte, die Forderung „Privat vor Staat" aufstellte, im Zeichen des Neoliberalismus an der Polizei sparte und diese auf ihre sog. „Kernaufgaben" beschränken wollte. Und in Zeiten der Abwehr des transnationalen Terrorismus und gewachsener Herausforderungen in weiteren Bereichen, z. B. der Sicherung von Großveranstaltungen, lässt auch in den 2010er Jahren der Staat noch genügend Raum für die Aktivitäten von Sicherheitsunternehmen, die auf die Schutzbedürfnisse von Gesellschaft und Wirtschaft mit Angeboten reagieren.

Je nach Auslegung des Sicherheitsbegriffs besteht die Sicherheitswirtschaft schon seit Jahrhunderten und geht vielleicht auf den Erfinder – und Verkäufer – des ersten Schlosses zurück, mit dem privates Eigentum vor dem Zugriff durch Unbefugte geschützt wurde. Und der Aspekt des Werkschutzes begann mit dem Beruf des Hirten, der das Nutzvieh bewachte. Auch das Mittelalter kannte Formen des privaten Bewachungs- und Ermittlungswesens. Im modernen Sinn besteht die Sicherheitswirtschaft aber erst seit Anfang des 20. Jahrhunderts, als das erste „Wach- und Schließinstitut" als Unternehmen gegründet wurde (Kupferschmidt und Wenzel 2013). Gemäß der Klassifikation der Wirtschaftszweige durch das Statistische Bundesamt (Destatis 2008) werden die dem Bereich der „Erbringung von sonstigen wirtschaftlichen Dienstleitungen" zugehörigen „Wach- und Sicherheitsdienste sowie Detekteien" (WZ 80) mit drei Unterklassen „Private Wach- und Sicherheitsdienste", „Sicherheitsdienste mithilfe von Überwachungs- und Alarmsysteme" und „Detekteien" erfasst. Die destatis-Beschreibung macht die Bandbreite der Tätigkeiten des Sicherheitsgewerbes deutlich, wenn u. a. aufgeführt wird:

Wach- und Patrouillendienste, Abholung und Auslieferung von Bargeld, Belegen oder anderen Wertgegenständen mit Personal und Ausrüstung zum Schutz dieser Gegenstände während des Transports, Schutzdienstleistungen mit gepanzerten Fahrzeugen, Dienstleistungen von Leibwächterinnen und Leibwächtern, Wachdienste, Zugangskontrolldienste, Patrouillendienste; Lügendetektordienste, Fingerabdruckdienste, Vernichten von Datenträgern mit vertraulichen Informationen, Überwachung und Fernüberwachung von elektronischen Sicherheitssystemen wie Einbruchs- oder Diebstahlalarmgeräten und Feuermeldern, einschließlich deren Installation und Instandhaltung, Installation, Reparatur, Umbau und Anpassung von mechanischen oder elektronischen Verriegelungseinrichtungen, Safes und Tresorräumen in Verbindung mit deren anschließender Überwachung oder Fernüberwachung; Ermittlungsdienste durch Detekteien, Tätigkeiten aller Privatdetektive, unabhängig von der

Art des Kunden oder dem Zweck der Nachforschungen. Neben der Dienstleistung des Sicherheitsgewerbes ist auch der Bereich der Sicherheitstechnik, z. B. mit sicherheitsbezogener Videotechnik, Zutrittskontrollen, Alarmierungssystemen mit Überfall- und Einbruchmeldetechnik, zu berücksichtigen.

Es sind vor allem Privatleute, die sich und ihr Eigentum schützen wollen und hierfür sowohl auf Technik als auch auf personelle Dienstleistungen setzen. Unternehmen übertragen Sicherheitsfirmen die Aufgaben der Zutrittskontrollen, des Objektschutzes, des Werttransports. Veranstalter von Kultur- und Sportevents sowie anderer Massenveranstaltungen (Karneval, Weihnachtsmärkte u. v. a. m.) übertragen Aufgaben an die private Security. Für große Shoppingmalls und andere Geschäfte gehört der Sicherheitsdienst für Aufgaben des klassischen Ladendetektivs, für die Zugangskontrolle, für die Ordnung im Gebäude sowie zur Stärkung des Sicherheitsempfindens der Kund/innen dazu. Und auch öffentliche Träger wie kommunale und staatliche Behörden, die Bundeswehr oder die Polizei beauftragen private Sicherheitsdienste zur Bewachung ihrer Gebäude und Liegenschaften. Kommunalverwaltungen bestellen Sicherheitsdienste für Reviergänge und zur Unterstützung des Außendienstes des Ordnungsamts.

Der wesentliche Handlungsbereich der Sicherheitsunternehmen ist auf den „privaten" Bereich beschränkt, gilt also dort, wo der öffentliche Auftrag der Sicherheitsarbeit nicht oder nur im Falle besonderer Gefahren oder der Strafverfolgung greift. Doch verwischen bei Veranstaltungen oder im Bereich des Handels die Grenzen von privat und öffentlich, sodass hier auch von „halb-öffentlichen" Räumen gesprochen wird. Liegen Geschäfte in einer

Fußgängerzone nebeneinander, so ist die Fläche zwischen ihnen im öffentlichen Raum, in dem die Polizei und das Ordnungsamt verantwortlich sind. Sind sie hingegen in einer Shoppingmall zusammengefasst, so haben hier die öffentlichen Akteure grundsätzlich nichts zu sagen, sondern greift das Hausrecht, das häufig für Sicherheits- und Ordnungsaspekte auf die privaten Sicherheitsdienstleister übertragen wird. Können beispielsweise Obdachlose oder Bettler im ersten Fall vor den Geschäften sitzen, können sie auf Wunsch des Betreibers aus der Einkaufsarkade verwiesen werden. Hat der private Sicherheitsdienst im privaten bzw. halb-öffentlichen Raum Kompetenzen im Rahmen des Hausrechts, so sind sie im öffentlichen Raum eigentlich genau so viel oder wenig befugt wie ein einfacher Bürger mit seinen Notwehr- und Nothilferechten.

Neben den privaten Diensten werden Sicherheitsfirmen aber auch mit öffentlichen und teilweise hoheitlichen Aufgaben betraut. Im Bereich der Fluggastkontrolle werden Firmen von dem verantwortlichen Bund (hier: Bundespolizei) beliehen, d. h. sie bekommen die Befugnis zum Eingriff in Grundrechte für die konkrete Aufgabe übertragen. Kommunen, die für die innerörtliche Geschwindigkeitskontrolle zuständig sind, beauftragen private Firmen mit den Messungen (müssen aber selbst die Auswertung und Ausfertigung von Bußgeldbescheiden übernehmen). Hier – wie auch bei Streifendiensten – wird mit sog. Public-Private-Partnerships gearbeitet, werden also öffentliche Aufgaben unter Aufsicht und Verantwortung des öffentlichen Partners durch den privatwirtschaftlichen Partner erledigt.

Die Vermischung oder Verwischung von öffentlicher und privater Sicherheitsarbeit macht es für die

Bürgerinnen und Bürger nicht unbedingt einfach, die Verantwortlichkeiten, Befugnisse und Handlungsgrenzen der Akteure zu unterscheiden, zumal sich ja auch das Erscheinungsbild der Polizei mit ihren dunkelblauen Uniformen, der kommunalen Außendienste mit dunkelblauer Dienstbekleidung und Securities in dunkelblauem Outfit kaum differenzieren lässt. Wer von denen darf auf welcher Grundlage jemanden des Platzes verweisen, sich den Ausweis zeigen lassen oder Einblick in die Tasche nehmen? – Transparenz sieht anders aus.

Besteht schon vielfach Unklarheit über die Kompetenzen – im Sinne von Zuständigkeit – der Sicherheitsdienste, so sind auch Fragen an die Kompetenz – im Sinne von Fähigkeiten und Sachverstand – zu richten. Insbesondere die kleinen Unternehmen erfüllen häufig nur die Grundanforderungen, die gemäß § 34 Gewerbeordnung gestellt werden. Das heißt, dass die Mitarbeitenden lediglich eine prüfungsfreie Unterrichtung bei der Industrie- und Handelskammer im Umfang von 120 Unterrichtsstunden (davon 40 h ohne Gewerbebezug) als (durchaus fragwürdige) Qualifizierung nachweisen. Die zweijährige Ausbildung zur „Servicekraft für Schutz und Sicherheit (IHK)" oder die dreijährige zur „Fachkraft" für Schutz und Sicherheit (IHK) wird schon seltener nachgewiesen und die (wenigen) „Meister für Schutz und Sicherheit" oder gar Studienabsolventen mit Bachelor- oder Masterabschluss finden sich dann in Führungsfunktionen von größeren Sicherheitsfirmen.

Hirschmann (2016) kommt in ihrer professionssoziologischen Untersuchung zur gewerblichen Sicherheit zu dem Schluss, dass sich diese zwar einen Platz in der deutschen Sicherheitsarchitektur erarbeitet habe, der auch von der Innenministerkonferenz anerkannt wird: „Die Unternehmen aus dem Dienstleistungsspektrum der privaten Sicherheit sind ein wichtiger Bestandteil der Sicherheitsarchitektur in Deutschland. Sie bieten neben fachlichem Wissen ein breites Produktportfolio und sind in der Prävention auf vielfältige Weise tätig" (IMK 2009, S. 25). Aber für einen erheblichen Teil der Sicherheitswirtschaft ist die Kluft zwischen dem von den Fachverbänden propagierten Professions- bzw. Professionalisierungsanspruch und den Leistungsfähigkeiten sowie den von den Nutzern formulierten Anforderungen noch erheblich. Diese Kluft wird auch dann besonders deutlich, wenn die Einschätzungen an die Handlungsfähigkeit und die Bewertungen des Berufsimages betrachtet werden. Hier werden staatliche Sicherheitsakteure deutlich positiver bewertet als die privaten.

## 3.5    Verbände und Zivilgesellschaft

In deutlichem Unterschied zu vielen anderen Politikfeldern, z. B. der Arbeitsmarkt-, Wirtschafts-, Sozial- oder Umweltpolitik ist die Innere Sicherheit in besonderem Maße auf den Staat ausgerichtet und hier hat – wie bei den Betrachtungen zu den Akteuren des privaten Sicherheitsgewerbes verdeutlicht wurde – die privatwirtschaftliche Dimension geringe (aber dennoch wachsende) Bedeutung. Der Staat mit seiner Exekutive leistet hoheitliche Aufgaben und greift mitunter tief in die Freiheitsrechte der Bürgerinnen und Bürger ein. Hierzu wird er durch den besonderen staatlichen Auftrag berechtigt, aber

er erfüllt auch Erwartungshaltungen und Bedürfnisse der
Gesellschaft auf Schutz.

In vielen Politikfeldern werden die zugehörigen bürgerschaftlichen Bedürfnisse und Interessen in Vereinen, Ver-
bänden und sonstigen Formen organisiert, um so in den
politischen Forderungs-, Willensbildungs- und Entschei-
dungsprozess eingebracht zu werden. Während dies bei
spezifischen wirtschaftlichen und sozialen Interessen (z. B.
durch Gewerkschaften, Arbeitgeberverbände, Fachver-
bände; Wohlfahrtsorganisationen und Selbsthilfegruppen;
Freizeitvereinigungen) insgesamt sehr gut und in einer dif-
ferenzierten Verbändelandschaft erfolgreich passiert, weist
die Verbändeforschung für die „allgemeinen" Interessen
eine eher schwierige Organisierbarkeit und einen geringen Organisationsgrad nach. Auch das Interesse an Sicherheit ist ein eher allgemeines, da es grundsätzlich von allen
Bürgerinnen und Bürgern geteilt wird. Es ist zu verorten
im Konfliktfeld „Bürger vs. Staat" (von Alemann 1987,
S. 72 ff.), wobei hier der Bürger seine Forderung nach
Sicherheit erhebt und der Staat dies weniger als belastende
Forderung wahrnimmt, sondern sich selbst in der besonderen Verantwortung der Leistung bzw. Gewährleistung sieht.
Ein Konflikt zwischen Bürger und Staat besteht in einem
relativ geringen Grad. Diese Konstellation fördert kaum
die Entstehung von Interessensorganisationen und nur in
wenigen Bereichen haben sich Vereinigungen gebildet, die
im Politikfeld Innere Sicherheit mit spezifischen Forderungen auftreten und am politischen Diskurs teilhaben.

- Eine recht starke Position in der öffentlichen Debatte
  um die Innere Sicherheit haben sich die sog. Polizeigewerkschaften erworben, die mitunter den Eindruck

erwecken, für die Polizei als Institution zu sprechen. Zu unterscheiden sind drei Organisationen: a) die Gewerkschaft der Polizei (GdP), die dem Deutschen Gewerkschaftsbund angehört; b) die dem Deutschen Beamtenbund angeschlossene Deutsche Polizeigewerkschaft (DPolG) und c) der Bund Deutscher Kriminalbeamter (bdk) als Fachverband der Angehörigen der Kriminalpolizei. Alle drei Organisationen verweisen auf ihren satzungsgemäßen Auftrag für die wirtschaftlichen, sozialen, beruflichen und finanziellen Interessen ihrer Mitglieder, zumeist die verbeamteten Kräfte des Polizeivollzugsdienst und der weiteren Beschäftigten der Polizeien, einzutreten. Auf ihrer Homepage formuliert die DPolG: „Ihre wichtigste Aufgabe ist das Erreichen besserer Arbeits- und Einkommensbedingungen ebenso wie eine Verbesserung der dienstlichen und beruflichen Rechte".[9] Über die originären gewerkschaftlichen Aufgaben hinaus beteiligen sie sich an polizei- und sicherheitspolitischen Debatten, formulieren Positionspapiere, nehmen an Parlamentsanhörungen zu vielfältigen Fragen der Inneren Sicherheit teil, wirken mit Spitzenvertretern ihrer Organisation auch an Talkshows mit oder geben Interviews zu Themen, die auch deutlich über den gewerkschaftlichen Vertretungsbereich hinausgehen. In besonderer Weise beteiligen sie sich an der Konstruktion gesellschaftlicher Risiken (Behr 2015), in dem sie aus der polizeilichen Perspektive Sicherheitsprobleme und Unsicherheitsphänomene betrachten und sie auf die Bedingungen und Restriktionen polizeilicher

---

[9]http://www.dpolg.de/ueber-uns.

Handlungsmöglichkeiten (formale Kompetenz, Personalstärke, Ausstattung u. a.) beziehen.

- Sowohl im Bereich einer Selbsthilfeorganisation, eines sozialen Leistungsverbandes wie auch als politisch agierender Anspruchsverband sind Opferschutzvereine und -verbände aktiv. Hier ist neben diversen deliktspezifischen Organisationen (z. B. gegen häusliche oder sexuelle Gewalt; Opfer von Wirtschaftskriminalität) vor allem der „Weiße Ring" als Opferschutzorganisation bekannt und vielfältig tätig. Für Opfer von Kriminalität und Gewalt sowie für deren Angehörige wird von (im Wesentlichen) ehrenamtlichen Helfer/innen Unterstützungshilfe gewährt. Der Verein entwickelt Präventionshinweise, beteiligt sich an opferschutzrelevanten Gesetzesinitiativen und kooperiert mit lokalen Polizeien und sozialen Diensten.

- Kritisch zur Politik der Inneren Sicherheit mit den Trends zu mehr staatlichen Kontrollmöglichkeiten, dem Ausbau des Polizeiapparats und einer restriktiven Kriminalpolitik stellen sich einige Bürger- und Menschenrechtsorganisationen. Beispielsweise setzt sich die Humanistische Union mit dem Populismus der Sicherheitsdiskussion und der damit verbundenen Gefahr der Einschränkung von Minderheitenrechten sowie dem *racial profiling,* einer an rassischen Merkmalen orientierten Kontrollpraxis der Polizei, auseinander. Das „Institut für Bürgerrechte & öffentliche Sicherheit" in Berlin analysiert und publiziert über Fragen der öffentlichen Sicherheit, über Skandale und Probleme der Sicherheitsbehörden sowie Einschränkungen von Freiheitsrechten. Mit polizeilichen Übergriffen und Polizeigewalt befasst sich die Stiftung Victim.Veto. Eine sehr wechselvolle Geschichte mit Hochs der öffentlichen Wahrnehmung und Tiefs der inneren Zerstrittenheit und Handlungsunfähigkeit kennzeichnet die „Bundesarbeitsgemeinschaft Kritischer Polizistinnen und Polizisten", ein Zusammenschluss von Polizeibediensteten, der sich mit Übergriffen und Fehlverhalten in der Organisation befasst.

- Als privatwirtschaftlich geprägte Interessensvertretung sind vor allem der Bundesverband der Sicherheitswirtschaft (BDSW) mit den Geschwisterorganisationen „BDSW Fachverband Aviation" (Handlungsfeld Luftsicherheit) oder „Bundesvereinigung Deutsche Geld- und Wertdienste" zu nennen, der als anerkannter Wirtschafts- und Arbeitgeberverband agiert und sich für die fach- und sozialpolitischen Belange der Unternehmen einsetzt. Die Stärkung der Rolle der Sicherheitswirtschaft in der Politik der Inneren Sicherheit ist ein zentrales verbandspolitisches Ziel, wofür der BDSW verschiedene Aktivitäten auch zur Professionalisierung des Sicherheitsgewerbes unternimmt (z. B. in Hinblick auf Mindestlohn, fachliche Ausbildung, Handlungsstandards).

Die wesentlichen Konflikt- und Kommunikationslinien der genannten Interessensorganisationen aus dem polizeigewerkschaftlichen, dem bürgerrechtlichen, dem privatwirtschaftlichen und dem Opferschutzbereich sind auf den Staat und seine Behörden gerichtet, während eine politische Auseinandersetzung zwischen den Organisationen kaum stattfindet.

Zwar stammt der Ansatz des „konfliktorischen Modells" von Claus Offe, die gesellschaftlichen Interessen hinsichtlich ihrer Organisationsfähigkeit und die Interessensorganisationen hinsichtlich ihrer Konfliktfähigkeit zu unterscheiden, schon aus dem Jahr 1969, doch ist er für die Betrachtung weiterhin relevant. Offe verweist darauf, dass allgemeine Interessen – und dazu zählt auch das Interesse vor Kriminalität, Extremismus und Terrorismus geschützt zu werden – nur schwer organisierbar sind. Konfliktfähigkeit definiert er als die „Fähigkeit einer Organisation bzw. der ihr entsprechenden Funktionsgruppe, kollektiv die Leistung zu verweigern bzw. eine systemrelevante Leistungsverweigerung glaubhaft anzudrohen" (a. a. O., S. 169). Wird dieses Kriterium auf die genannten Vereinigungen bezogen, wird deutlich, dass sie allesamt kaum in einer gesellschaftlich relevanten Leistungsposition stehen und somit gegenüber dem Staat als Anspruchsorganisation agieren, die sich aber mehr auf der Ebene von Anregungen bewegen, als dass sie Forderungen durchsetzen können. Und auch der Verband, der die privatwirtschaftliche Seite der Sicherheitsproduktion vertritt, ist in seinem Streben nach Anerkennung innerhalb der Sicherheitspolitik (noch?) nicht in der Position, als Gegenpart zum Staat aufzutreten. Der Mangel an einflussstarken Interessensorganisationen unterstreicht noch einmal die Stärke des Staates im Politikfeld Innere Sicherheit.

## 3.6     Last but not least: die Bürgerinnen und Bürger

In den sicherheitspolitischen Diskussionen fungieren die Bürgerinnen und Bürger häufig nur als Referenzobjekt. Die Gefährdung und Viktimisierung durch Kriminalität und Terrorismus werden angesprochen, das gestörte Sicherheitsempfinden thematisiert, die Schutzbedarfe werden differenziert. Der Idee folgend, dass doch die Bürger/innen bzw. die Gesellschaft in einer Art Gesellschaftsvertrag dem Staat die Aufgabe der Sicherheitsgewährung übertrug und den Staat mit dem Gewaltmonopol ausstattete, war die Bürgerschaft mehr in der Rolle des Rezipienten der staatlichen Sicherheits(dienst)leistung. Die Schutzbedarfe wurden von Politik und Sicherheitsbehörden objektiviert und die Sicherheitsarbeit darauf ausgerichtet.

Seit Anfang der 1990er Jahre hat mit der verstärkten Betonung von Kriminalprävention ein Wandel eingesetzt, der die Rolle der Bürgers zumindest partiell veränderte. Im Konzept der Kommunalen Kriminalprävention sollen die Bürger eingebunden werden, um lokalspezifische Handlungsbedarfe zur örtlichen Sicherheitslage zu identifizieren und die Stadtgesellschaft sollte zudem mit seinen „weichen" Sicherheitsakteuren, wie sie z. B. in Bildungsorganisationen, Freizeitvereinen und Wohlfahrtsorganisationen bestehen, an einer gemeinwesenorientierten Kriminalprävention mitwirken (van den Brink 2005). Angelehnt an die Idee der Bürgerkommune (Bogumil et al. 2003) wird auch in der Sicherheitsarbeit der Bürger hier zum Auftraggeber und Co-Produzenten.

Mit dem Verweis auf die handlungsorientierte, die sog. konative Dimension der persönlichen Sicherheit und der Kriminalitätsfurcht wird differenziert zwischen der Copingfähigkeit, also der psychischen, sozialen und materiellen Kompetenz mit Risiken oder Schädigungen umzugehen, und zum anderen dem individuellen

Schutz- und Vermeideverhalten. Nicht der von der Polizei gewährte Schutz des „Objekts" Bürger, sondern der Bürger als Subjekt der eigenen Sicherheit wird hier betrachtet. Im Rahmen des sicherheitspolitischen Diskurses entwickelt der Bürger eigene Aktivitäten und wird zudem auch vom Staat hierzu angeregt. Hier steht häufig die technische Seite der Prävention im Blickpunkt, wenn beispielsweise der heimische Computer mit Firewalls und Virenschutzprogrammen gesichert wird oder wenn zum Einbruchsschutz die Investition in bessere Schlösser, in Pilzkopfverriegelungen von Fensterbeschlägen oder elektronische Kontrollen erfolgt. Zudem wird mit Verhaltenshinweisen auf die Rolle des Bürgers beim Schutz vor Kriminalität verwiesen, z. B. in Kampagnen wie „Schlauer gegen Klauer" mit Hinweisen gegen Taschendiebstahl oder „Vorsicht ‚Kartentricks'" gegen den Missbrauch von ec- oder Kreditkarten.[10]

Dass die Bürgerinnen und Bürger einen eigenen Beitrag zur Sicherheit leisten sollen und hierbei die Resilienz, also die Widerstandsfähigkeit beim Eintritt von Schadenslagen, und der Selbstschutz sowie Selbsthilfefähigkeit gesteigert werden müssen, wurde von der Bundesregierung, konkret dem Bundesministerium des Innern, mit der Vorlage der „Konzeption Zivile Verteidigung (KZV)" im Sommer 2016 gefordert. Die „Eigenverantwortung sinnvoll wahrzunehmen, setzt ein entsprechendes Wissen

---

[10]Die Polizeien des Bundes und der Länder betreiben unter www.polizei-beratung.de einen umfassenden Internetauftritt mit Hinweisen für Verhaltens- und technische Präventionsansätze zu verschiedenen Kriminalitätsbereichen.

über die relevanten Risiken, die Möglichkeiten und Grenzen staatlicher Leistungsfähigkeit sowie die notwendigen Selbstschutz- und Selbsthilfefähigkeiten voraus." Gesellschaft und Wirtschaft werden hier aufgefordert, die Grenzen der staatlichen Handlungsfähigkeit im Falle von Katastrophen, Großunfällen oder auch nach verheerenden Terroranschlägen zu erkennen und selbst aktiv zu werden.

Eine besondere Form des bürgerschaftlichen Engagements im Bereich der Inneren Sicherheit ist nur in wenigen Bundesländern mit sog. Freiwilligen Polizeidiensten (Hessen, Baden-Württemberg) oder der Mitwirkung in Sicherheitswachten (Bayern, Sachsen) bzw. als Sicherheitspartner (Brandenburg) möglich. Hier übernehmen Bürgerinnen und Bürger leichte Unterstützungsaufgaben für die Polizei, in dem sie z. B. im öffentlichen Bereich patrouillieren, als Ansprechpartner für Mitbürger zur Verfügung stehen, bei kleinen Konflikten schlichtend eingreifen im Fall des Falles per Mobiltelefon oder Funk Polizei anfordern oder ggf. auch mit dem Pfefferspray Selbstverteidigung und Nothilfe leisten. Die Polizeihelfer erhalten eine – je nach Land unterschiedlich lange – Einführung und Ausbildung und werden i. d. R. mit einer kleinen Aufwandsentschädigung vergütet. Die formalen Kompetenzen sind deutlich begrenzt und reichen nicht an die von Polizeivollzugsbeamten heran. Eine Ausnahme bildet der bereits in den 1960er Jahren in Baden-Württemberg gegründete Freiwillige Polizeidienst, dessen Mitglieder Polizisten weitgehend gleichgestellt sind und sogar mit einer Schusswaffe ausgestattet sind.

Sie werden zur Unterstützung des Polizeivollzugsdienst eingesetzt.[11]

Evaluationen des Freiwilligen Polizeidienstes Hessen zeigen ein insgesamt positives Bild (Groß und Kreuzer 2008), das auf einen guten Bürgerkontakt und Entlastungen der „echten" Polizei im Bereich der Präsenz in von Kriminalität schwach belasteten Räumen verweist. So ist zwar die Akzeptanz durchaus gegeben und ein Gewinn an Sicherheitsempfinden möglich, ein besonderer Gewinn bei der Bekämpfung von Kriminalität ist hingegen nicht festzustellen. Der freiwillige Dienst unter Anleitung der Polizei kann dazu beitragen, den Engagementwunsch der Bevölkerung aufzugreifen, kontrolliert zu nutzen und in einem rechtsstaatlich gestalteten Rahmen zu organisieren – was sicherheitspolitisch sicherlich besser zu akzeptieren ist als selbstständig gebildete und handelnde „Bürgerwehren".

## 3.7 Akteursgrenzen überwinden: Kooperative Sicherheit

Die Vorstellung einer Sicherheitsarbeit, die sich auf die konkrete Gefahrenabwehr, die Intervention im Schadensfall und die Strafverfolgung konzentriert, prägte zwar die Sicherheitspolitik im ausgehenden 20. Jahrhundert und betonte dabei die Konzepte der formalen Zuständigkeit

---

[11]Unter der grün-roten Landesregierung in Baden-Württemberg (2011–2016) wurde beschlossen, den Freiwilligen Polizeidienst in der vorgestellten Form auslaufen zu lassen. Die 2016 installierte grün-schwarze Landesregierung prüft den Weitererhalt dieses bundesweiten einmaligen Konzepts.

von staatlichen Akteuren, insbesondere der Polizei, und das Handeln orientiert an den oben beschriebenen Abgrenzungen. Die Veränderungen der Sicherheitslage und der Sicherheitskultur sowie insbesondere die sich wandelnde Vorstellung der Sicherheitsarbeit mit der gesamten Bandbreite der Wertschöpfung von der Prävention über Intervention bis zur Restauration ließ in den 1990er Jahren neue Konzepte entstehen, die eine kooperative Sicherheitsarbeit in den Blick rückten.

Es waren Vorbilder aus dem Vereinigten Königreich und Skandinavien, die Anfang der 1990er zur Gründung von Kriminalpräventiven Räten führten (vgl. Jäger 1992). Vorgeschlagen wird eine Zusammensetzung der Räte, die neben der Polizei die Gemeinde bzw. den Kreis mit den Organisationsgliederungen öffentliche Sicherheit, Bildung, Sport, Schule, Jugend, Soziales, Gesundheit, Gleichstellung, Verkehr, Bauen und Finanzen sowie beispielsweise Verkehrsbetriebe, Wissenschaft, Wirtschaft, Industrie- und Handelskammern, Gewerkschaften, Berufsverbände, Justiz, Medien, Kirchen, freie Träger, Bürgerinitiativen und Vertreter ausländischer Bevölkerungsgruppen umfassen sollen. Als Themenbereiche für die Gremien werden beispielhaft Stadtplanung, Altbausanierung und Neubauplanung, Integration besonderer Bevölkerungsgruppen, bestimmte Kriminalitätsbereiche sowie Freizeitangebote genannt. Information, Kommunikation und Beratung stellen in den Kriminalpräventiven Räten die Arbeitsschwerpunkte dar und die (Um-)Gestaltung kriminogen wirkender räumlicher und sozialer Rahmenbedingungen soll den Schwerpunkt der Themen bilden.

Ein anderer Ansatz wird mit den Ordnungs- oder Sicherheitspartnerschaften gewählt, die zum Ende der 1990er aufkamen. Ausgangspunkt der Überlegungen ist die Feststellung, dass „öffentliche Sicherheit und Ordnung […] ein maßgeblicher Faktor für die freiheitliche Lebensqualität in einer demokratischen Gesellschaftsordnung" sei. Diese Lebensqualität sei jedoch ausweislich der Ergebnisse von Sicherheitsbefragungen und Kriminologischen Regionalanalysen mitunter gestört. So sei „das Sicherheitsgefühl der Bevölkerung […] insbesondere dort beeinträchtigt, wo offene Drogenszenen, Vandalismusschäden, Graffiti-Schmierereien und aggressive Verhaltensweisen von Personengruppen (z. B. aggressives Betteln) den Eindruck von Verwahrlosung und Bedrohung vermitteln (sog. Angsträume)", so die Formulierung im Erlass des nordrhein-westfälischen Innenministeriums.[12] Aus dieser Erkenntnis entsteht vor dem Hintergrund des Ziels einer bürgerorientierten Polizeiarbeit die Forderung, neben der objektiven Sicherheitslage auch das subjektive Sicherheitsempfinden zum Gegenstand des Sicherheitshandelns zu machen.

Angeregt durch die kriminologische Diskussion und unterstützt von einschlägigen Erlassen der Innenministerien kam es in den 1990er Jahren zu einem „Gründungsboom" an lokalen Sicherheitsgremien, deren Ausgestaltung jedoch von den örtlichen Problemlagen, Akteurskonstellationen und Handlungsmöglichkeiten geprägt war, zu

---

[12]Ordnungspartnerschaften in Nordrhein-Westfalen (Erlass vom 09.01.1998, Az. IV C 2 – 600/295).

verschiedenen Organisationsmodellen und Schwerpunk-
ten führte und von unterschiedlicher Nachhaltigkeit war
(vgl. Frevel 2007, 2012). Der damalige Boom der (lediglich) auf verbesserte Kommunikation ausgerichteten Räte
erschlaffte nach der Jahrtausendwende deutlich, da der
Transfer in die konkrete Sicherheitsarbeit häufig nicht
hinreichend erfolgte, doch konnten insbesondere die
Ordnungspartnerschaften und problemspezifisch ange-
passte Organisationsformen mit Runden Tischen, Ad-hoc-
Gremien und Arbeitskreisen sich weiter entwickeln. Es
entstand eine große Vielfalt an Formaten zur Kommunikation, Koordination und Kooperation diverser Stakehol-
der für lokale Sicherheitsprobleme. Das Zusammenspiel
von Polizei, Kommune, Wohlfahrtsorganisationen, privatwirtschaftlichen Akteuren (z. B. lokale Wirtschaft,
Handel, Wohnungswirtschaft; Sicherheitswirtschaft), zivilgesellschaftlichen Initiativen wurde zu einem Standard
sowohl für das operative Handeln wie auch für die lokale
Sicherheitspolitik im Sinne eines „Safety and Security
Governance"-Konzepts (Schulze 2012). Diese Einbindung
von Akteuren, die sehr unterschiedliche gesellschaftliche
Funktionen z. B. in der Wohnraum- oder Güterversor-
gung, der Betreuung und Fürsorge, der Freizeitgestaltung,
der Integration erfüllen, aber nun mittelbar zu Akteuren
der Sicherheitsarbeit werden, ist nicht unproblematisch.
Ihre Ziele sind eben nicht auf Sicherheit ausgerichtet,
sondern auf andere gesellschaftliche und wirtschaftliche
Themen, sodass eine Art von „Verpolizeilichung" den institutionellen Grundlagen zuwider laufen kann.

Auch auf Landes- und Bundesebene wird die Idee des
interinstitutionellen Austausches über Sicherheitsprobleme,

der Vernetzung öffentlicher, zivilgesellschaftlicher und wirtschaftlicher Akteure sowie der gemeinschaftlichen Konzeption von Präventionsarbeit und Beratung lokaler Aktivitäten verfolgt. So haben die Bundesländer Landespräventionsräte gegründet, die in ihrer Zusammensetzung und Zielbeschreibung jedoch durchaus differieren. Auf Bundesebene sind die Stiftung Deutsches Forum Kriminalprävention, die Arbeitsstelle „Nationales Zentrum für Kriminalprävention" sowie die Deutsche Stiftung für Verbrechensverhütung und Straffälligenhilfe (DVS) mit ihrem Kongress „Deutscher Präventionstag" zu nennen.

## 3.8    Staatsgrenzen überwinden: Europäisierung der Inneren Sicherheit

Die alltäglichen Schlagzeilen in den Medien verweisen auf eine Transnationalisierung von Sicherheitsproblemen. Delikte wie Drogen- und Zigarettenschmuggel, Waffenhandel, Kfz-Verschiebungen, Menschenschmuggel und -handel für die Zwecke der Prostitution oder illegaler Beschäftigung, Schleusung von Flüchtlingen, Steuer- und Zollbetrug haben vielfach einen internationalen Hintergrund – der eine rein nationale Bekämpfung dieser Kriminalität scheitern lassen würde.

Doch nicht nur die Organisierte Kriminalität (BKA 2017e) fordert eine internationale Zusammenarbeit in der Verbrechensbekämpfung. Auch die Wirtschaftskriminalität hat mit der zunehmenden Europäisierung und

Globalisierung der Ökonomie vielfältige grenzüberschreitende Formen angenommen. Und selbst bei „einfachen" Delikten wie Diebstahl, der von Touristen ausgeübt wird, oder z. B. Körperverletzungen und Sachbeschädigungen durch ausländische Hooligans stößt die nationale Polizei an deutliche Grenzen bei der Gefahrenabwehr und Strafverfolgung. Nicht zu vergessen ist zudem die Bedrohung durch den transnationalen Terrorismus, dessen Bekämpfung die internationale Kooperation von Sicherheitsbehörden erfordert.

In vielen Fällen liegt die Rechtsgrundlage für die internationale Zusammenarbeit im Bereich der Inneren Sicherheit in zwischenstaatlichen Verträgen. Hierin verpflichten sich die Vertragspartner z. B. zum Informationsaustausch über spezifische Verbrechen (u. a. im Bereich der Organisierten Kriminalität), zur Auslieferung von Tatverdächtigen, zur koordinierten Bekämpfung von Kriminalitätsphänomenen wie Drogenanbau und -schmuggel, zur gemeinsamen Grenzkontrolle oder zur polizeilichen Kooperation.

Neben den bilateralen Vereinbarungen bestehen jedoch auch multilaterale Verträge. Schon 1923 wurde die als Interpol bekannte Internationale Kriminalpolizeiliche Organisation (IKPO) mit dem heutigen Sitz in Lyon gegründet, die als zwischenstaatliche Regierungsorganisation den nationalen Polizeidienststellen bei der Fahndung nach Tatverdächtigen und bei der internationalen Ermittlungstätigkeit Unterstützung bietet. Der europäische Einigungsprozess fordert darüber hinaus jedoch eine intensivere Kooperation zur Herstellung der Inneren Sicherheit.

Am 19.06.1990 wurde zur Umsetzung des Schengener Abkommens das „Übereinkommen zur Durchführung des Schengener Abkommens" (Schengener Durchführungsübereinkommen – SDÜ) unterzeichnet. Regelungsgegenstand des Abkommens sind Ausgleichsmaßnahmen, die infolge der Abschaffung der Binnengrenzkontrollen einen einheitlichen Raum der Sicherheit und des Rechts gewährleisten sollen. Es handelt sich dabei um

- die Vereinheitlichung der Vorschriften für die Einreise und den kurzfristigen Aufenthalt von Ausländern im „Schengen-Raum" (einheitliches Schengenvisum);
- Asyl (Bestimmung des für einen Asylantrag zuständigen Mitgliedstaats);
- Maßnahmen gegen grenzüberschreitenden Drogenhandel;
- polizeiliche Zusammenarbeit z. B. grenzüberschreitende Nacheile und Observation und
- Zusammenarbeit der Schengen-Staaten im Justizwesen.

Dem SDÜ traten in den folgenden Jahren die meisten der damaligen EU-Mitgliedsländer bei. Nicht dazu gehören Großbritannien und Irland, assoziiert sind hingegen die Nicht-EU-Mitglieder Norwegen und Island. Das SDÜ war die erste große Vereinbarung in der EU zum Themenfeld der Inneren Sicherheit.

Doch auch im Organisationsbereich wurden Veränderungen vorgenommen. Die für Fragen der Inneren Sicherheit zuständigen Innen- und Justizminister der EG-Mitgliedsstaaten beschlossen bereits 1976 ein Arbeitsprogramm zur Verbesserung der Zusammenarbeit. Zu diesem Zweck wurden die sogenannten TREVI-Arbeitsgruppen gegründet. Die Abkürzung TREVI steht für *T*errorism,

*R*adicalism, *E*xtremism, *V*iolence *I*nternational. In den TREVI-Arbeitsgruppen wurden auf polizeifachlicher Ebene unter der politischen Führung und Verantwortung des Innen- und Justiz-Ministerrates Sicherheitsprobleme beraten, gemeinsame polizeiliche Handlungskonzepte entwickelt und nach Erleichterungen der Kooperation auf europäischer Ebene gesucht, wobei immer wieder die unterschiedlichen Strafrechts- und Polizeirechtsbedingungen in den einzelnen Staaten zu berücksichtigen waren.

Zu den Themenfeldern der TREVI-Gruppen gehörten beispielsweise: Informationsaustausch über und Analyse der Bedrohungslage durch nationalen und internationalen Terrorismus mit ihren Aktionsfeldern Anschläge, Diebstahl von Waffen und Sprengstoffen; Informationsaustausch über Fußballrowdytum; Bekämpfung der Organisierten Kriminalität, insbesondere Entführung, Geiselnahmen, Erpressung, Menschenhandel, Geld- und Passfälschung, Wirtschafts- und Computerkriminalität, Drogenkriminalität; Zusammenarbeit in den Feldern Polizeiausrüstung, polizeiliche Kommunikation, polizeiliche Ausbildung, Polizei- und Kriminaltechnik sowie Polizeiforschung.

Aus den TREVI-Ursprüngen entstand in den späten 1990er Jahren das Europäische Polizeiamt (Europol; Sitz Den Haag), das insbesondere für den Informationsaustausch zwischen Polizeien bei Drogenhandel, Schleuserkriminalität, Menschenhandel, Gelwäsche, sexuellem Missbrauch, Terrorismus, Finanz- und Computerkriminalität zuständig ist. Eine operative Kompetenz hat Europol bislang nicht. Europol sammelt Daten z. B. über Delikte, Tatbegehungsformen, Tatverdächtige und Täter, die anfragenden Polizeien zur Verfügung gestellt werden. Zudem bereitet Europol Erkenntnisse über grenzüberschreitende Kriminalität zu Lagebildern auf. Für den Informationsaustausch entsenden die Mitgliedsländer Verbindungsbeamte nach Den Haag und unterhalten in ihrem eigenen Land sogenannte Verbindungsstellen. In Deutschland hat das Bundeskriminalamt diese Aufgabe.

Neben Europol besteht mit Eurojust eine EU-Agentur zur Koordination grenzüberschreitender Strafverfahren und den strafrechtlichen Teil des Informationsaustausches zwischen Polizeien und Justizbehörden. Hauptaufgabenfelder liegen ähnlich wie bei Europol bei den Problemfeldern internationaler Terrorismus, Menschen-, Drogen-, Waffenhandel/-schmuggel, Kinderpornografie und Geldwäsche.

Für den Schutz der EU-Außengrenzen wurde 2004 mit Frontex die europäische Agentur für die Grenz- und Küstenwache gegründet (Sitz in Warschau). Frontex koordiniert die Grenzschutzaktivitäten in der EU, unterstützt operative Dienste und entwickelt zudem Risiko- und Lagebildanalysen (Müller 2015).

Im Verlauf der vergangenen 40 Jahre entstand also ein breites Feld der europäischen Kooperation und Koordination zur Verbesserung der Inneren Sicherheit, wobei im Wesentlichen drei Ebenen zu unterscheiden sind:

- Auf der politischen Ebene arbeiten die Innen-, Justiz- und Finanzminister zusammen. Als Verantwortliche der Regierungsexekutive entwickeln sie politische Programme, schließen bi- und multilaterale Verträge und kontrollieren die polizeilichen und juristischen sowie Zoll- und Steuerfahndungsaktivitäten der ihnen unterstellten operativen Dienste.

- Vertreter des führenden Managements der Polizeien, der Grenzschutzbehörden und der Steuerbehörden, die entweder aus den beteiligten Ministerien oder aus dem operativen Dienst entsandt werden, leisten die strategische Arbeit, wirken in den vorgenannten Agenturen mit, tauschen Informationen aus, entwickeln Programme, beraten die politische Führung und leiten Gemeinschaftsprojekte.
- Für die Erleichterung und Umsetzung der operativen Arbeit wurden schließlich verschiedene Informationssysteme eingerichtet. Von Verwaltungsbeamten der Mitgliedsländer werden hier sicherheitsrelevante Daten aus den EU-Staaten zusammengeführt.

Erkennbar ist eine deutliche Stärkung der internationalen und vor allem europäischen Kooperation bei der Bekämpfung von Terrorismus und internationaler schwerer und organisierter Kriminalität.

### Zum Nach- und Weiterdenken

Ob in den alten Staatstheorien oder den Konzepten für den modernen Staat wird die Bedeutung der Sicherheitsgewährung durch den Staat hervorgehoben. Sie sei wichtig für das möglichst gute und gewaltarme Zusammenleben der Menschen und elementar für die Legitimität des Staates. Ist die Staatszentrierung nicht nur der Sicherheitsarbeit, sondern auch der Sicherheitspolitik aber nicht potenziell gefährlich, wenn sie den „Leviathan" fördert und die (organisierte) gesellschaftliche Beteiligung am Sicherheitsdiskurs so deutlich geringer ausfällt als in anderen Politikfeldern?

Die faktischen Anforderungen an die Sicherheitsgewährung sind verbunden mit Entgrenzungen: Staatliche

Sicherheitsakteure müssen in Gemeinsamen Zentren kooperieren, Akteure, die im Ursprung nicht zum Sicherheitsapparat gehören, werden in Präventionsprogramme integriert und die Europäisierung verlagert Teile der Sicherheitsarbeit auf Akteure jenseits des Nationalstaats. Was bedeutet dies demokratie- und legitimitätstheoretisch? Wie steht es bei den Entgrenzungen mit der Rechenschaftspflicht und politischen Verantwortung?

### Zum Weiterlesen und Vertiefen

Einen Überblick über die Sicherheitsarchitektur und deren Veränderungen finden Sie in

Endreß, Christian (2013): Die Vernetzung einer gesamtstaatlichen Sicherheitsarchitektur. Das Politikfeld Innere Sicherheit im Spannungsverhältnis von politischen Interessen und sich wandelnden Bedrohungen. Frankfurt am Main: Peter Lang.

Viele Aspekte der Sicherheitsarchitektur, der Kooperation und der Steuerung von Sicherheitsarbeit werden diskutiert in

Stierle, Jürgen, Dieter Wehe und Helmut Siller (Hrsg.) (2017): Handbuch Polizeimanagement. Polizeipolitik – Polizeiwissenschaft – Polizeipraxis (2 Bände). Wiesbaden: Springer Gabler.
Möllers, Martin W. (Hrsg.) (2018): Wörterbuch der Polizei. München: C.H. Beck

und gehen dabei deutlich über die in den Buchtiteln adressierte Polizei hinaus.

# 4

# Kontroversen und Konflikte zur Politik der Inneren Sicherheit

**Zusammenfassung** Nach den Darlegungen zur Sicherheitslage in Kap. 2 und der Betrachtung der Akteure in Kap. 3 wird im Folgenden an ausgewählten Diskursen und Debatten verdeutlicht, welche politischen Kontroversen und Konflikte bestehen. Anknüpfend an die Betrachtung zum Sicherheitsgefühl beginnt es (Abschn. 4.1) mit einer Analyse der Sicherheitskultur und der in den letzten Jahren häufig beobachtbaren Versicherheitlichung. Die Fragen der Sicherheitskultur ranken sich häufig um das in Abschn. 4.2 betrachtete Spannungsfeld von Sicherheit und Freiheit. Abschn. 4.3 betrachtet die Entwicklung der Sicherheit zur käuflichen Ware, was ebenfalls auf Sicherheitsbedürfnisse zurückzuführen ist. Seit einigen Jahren wird über die in Kap. 3 betrachtete Sicherheitsarchitektur diskutiert. Bundesinnenminister de Maizière

© Springer Fachmedien Wiesbaden GmbH, ein Teil von
Springer Nature 2018
B. Frevel, *Innere Sicherheit,* Elemente der Politik,
https://doi.org/10.1007/978-3-658-20247-7_4

forderte 2017 die Generalrevision der Sicherheitsarchitektur, die in Abschn. 4.4 vorgestellt und verfassungs- sowie
„real"-politisch hinterfragt wird. Das Kapitel schließt in
Abschn. 4.5 mit einer Skizze der verschiedenen Ansätze
zur Schaffung von Sicherheit und mündet in der Feststellung, dass Sicherheitsproduktion zu komplex ist, als dass
sie allein den Sicherheitsbehörden abverlangt werden kann.

## 4.1 Sicherheitskultur, Sicherheitsdiskurs und Versicherheitlichung

Fragen der Inneren Sicherheit (aber auch zur Sicherheit
in anderen Lebensbereichen) haben für die Menschen an
Bedeutung gewonnen.

> Das 19. und 20. Jahrhundert war durch gesellschaftspoliti-
> sche Leitbilder geprägt, die auf Wachstum und Fortschritt
> zielten. Mit Beginn des 21. Jahrhunderts erodieren diese
> Leitbilder zunehmend. Statt sozialen Wandel und Fort-
> schritt zu propagieren, orientieren sich die gesellschafts-
> politischen Programmatiken zunehmend daran, das bisher
> Erreichte zu bewahren. Statt Freiheit, Aufklärung und
> Emanzipation wird Sicherheit zur neuen gesellschaftlichen
> Leitvokabel,

meinen hierzu Daase, Offermann und Rauer (2012, S. 7).
Diese Leitvokabel ist diskursprägend.

Eine wesentliche Ursache für die Ausweitung der
Sicherheitsdiskurse in Deutschland und anderen westlichen Staaten ist in der stetig gewachsenen Komplexität

der sozialen, wirtschaftlichen und politischen Beziehungen innerhalb und zwischen Staaten zu erkennen. Diese Komplexität erzeugt in Verbindung mit deutlich gestiegenen Interdependenzen auch eine verstärkte Verletzlichkeit von Staat, Gesellschaft und Ökonomie (vgl. bpb 2002). Die Schutzkommission beim BMI betont, dass „unsere Gesellschaft ein ernst zu nehmendes Maß an Verletzlichkeit (‚Vulnerabilität‘) besitzt und erhöht, und dass wir von der Unvermeidlichkeit ausgehen müssen, dass Schwerstes (‚Katastrophen‘) in der Tat eintritt" (2006, S. 13). Im Sinne der Gefahrenabwehr bemühen sich verschiedene staatliche Akteure in Zusammenarbeit mit der Wissenschaft und Wirtschaft, diese Vulnerabilität zu erfassen und mit Präventions- und Prophylaxekonzepten einerseits wie auch andererseits der Stärkung so genannter *coping capacity* die Bewältigung zunächst antizipierter oder bereits erlebter Gefahren und deren (Aus-)Wirkungen zu verbessern.

Die Gefährdungen sind sehr unterschiedlicher Art und beziehen sich beispielsweise auf

- natürliche Gefahren mit Extremwettern, Hochwasser oder Dürren,
- technische Gefahren mit Unfällen z. B. in Atomanlagen oder Chemiewerken,
- biologische Gefahren, wie z. B. Epidemien, multiresistenten Keimen,
- terroristische Gefahren seitens des Islamischen Staates oder rechter Gruppen wie dem NSU.

Neben der unmittelbaren Bedrohung von Leib und Leben von Menschen sind vor allem die Gefährdungen der technischen Infrastruktur (Strom, Wasser, Kommunikation, Verkehr), des Versorgungssystems (Trinkwasser, Lebensmittel etc.) oder des Gesundheitssystems Gegenstand der Überlegungen zum Schutz der Bevölkerung. Über die vorgenannten weitreichenden Gefahren hinaus sind zudem die „kleineren", gleichwohl für Individuen und Gesellschaft, Staat und Wirtschaft schädlichen Gefährdungen zu beachten, wie sie sich z. B. in Formen von *personal crime* (Körperverletzungen, Raub u. a.), Eigentumskriminalität (Diebstahl, Betrug etc.), Wirtschaftskriminalität oder Organisierter Kriminalität zeigen.

Steigt einerseits das Gefährdungspotenzial aufgrund faktisch erhöhter Risiken und gravierender Auswirkungen, so ist auch die bürgerschaftliche Perzeption der Risiken und Gefahren gestiegen, was u. a. die in Abschn. 2.4 erwähnten regelmäßig durchgeführten Studien der R+V-Versicherungen zu den „Ängsten der Deutschen" belegen. Und nicht zuletzt haben Sozialwissenschaftler wie Ulrich Beck mit den Werken zur „Risikogesellschaft" (1986) bzw. zur „Weltrisikogesellschaft" (2008) auf die soziokulturelle Konstruktion von Risiken und Gefahrenperzeption aufmerksam gemacht.

Die verstärkte Betonung von Sicherheit, zumeist begründet mit Wahrnehmungen von Risiken und Gefahren, dem Empfinden einer gestiegenen Verletzlichkeit sowohl der Gesellschaft als Ganzer sowie des einzelnen und die Äußerung von Unsicherheitsempfinden sind aber nicht lediglich Anzeichen einer aktuellen Sicherheits- und Risikoperzeption mit der Bewertung der Sicherheitslage, sondern tief greifender für Umbrüche in der Sicherheitskultur.

Der Begriff der Sicherheitskultur wurde erstmals in einem Untersuchungsbericht zur Reaktorkatastrophe von Tschernobyl genutzt, konnte sich aber im Laufe der Zeit mit unterschiedlichen Schwerpunktsetzungen und Perspektiven in der Sicherheitsforschung als Themengebiet etablieren (vgl. Daase et al. 2012; Lange et al. 2014). Daase (2012, S. 32 ff.) entwickelt das Konzept der Sicherheitskultur mit Bezügen zur ‚strategischen Kultur' und die kulturwissenschaftlichen Arbeiten von Andreas Reckwitz und mündet in ein praxistheoretisches Verständnis, das.

> „unter **Sicherheitskultur** diejenigen Werte, Diskurse und Praktiken [fasst], die dem auf Erzeugung von Sicherheit und Reduzierung von Unsicherheit gerichteten sozialen Handeln individueller und kollektiver Akteur Sinn und Bedeutung geben" (a. a. O., S. 36).

In eine ähnliche Richtung wurde für das vom BMBF im Rahmen des Programms „Forschung für zivile Sicherheit" geförderte Projekt zur „Sicherheitskultur im Wandel" definiert:

> „**Sicherheitskultur** bezeichnet die Gesamtheit der Überzeugungen, Werte und Praktiken von Individuen und Organisationen, die darüber entscheiden, was als eine Gefahr anzusehen ist und mit welchen Mitteln ihr begegnet werden soll."[1]

---

[1] www.sicherheitskultur.org/de.html.

Mit dem Forschungskonzept zur Sicherheitskultur kann also gleichermaßen nach der gesellschaftlichen und politischen Wahrnehmung von Sicherheit geschaut werden, die sich über einen konstruktivistischen Prozess entwickelt und verändert, sowie die Handlung der Akteure mit ihren jeweiligen Sinngebungen und Deutungen untersucht werden. Hiermit wird verdeutlicht, dass es zwar vielfältige Phänomene gibt, die potenziell oder faktisch Menschen, Gesellschaften und Staaten schädigen, dass es aber eines deutenden Diskurses bedarf, um die Phänomene als Sicherheitsproblem zu verstehen. Im Kern geht es hierbei dann um die Kommunikation über die Phänomene, die sich in „Sprechakten" manifestieren, im Diskurs die Bedrohung bewerten und dann zu Begründungen für Sicherheitsmaßnahmen dienen. Gleichartige Phänomene können in verschiedenen Diskursen (z. B. in unterschiedlichen Ländern) zu völlig abweichenden Deutungen und schließlich Aktionen münden. Die Interpretation von Phänomenen als Sicherheitsproblem wird mit dem Konzept der Versicherheitlichung bzw. securitization nachvollziehbar gemacht (vgl. Abb. 4.1).

Die Politologen Barry Buzan, Ole Waever und Jaap de Wilde legten 1998 in ihrem Buch „Security. A New Framework for Analysis" das Konzept der „securitization" dar. Der Kernbegriff fand als „Versicherheitlichung" weiteren Eingang in die sicherheitspolitische Debatte. Ausgangspunkt der Überlegungen ist, dass – wie auch in anderen Kontexten – Sicherheit oder Unsicherheit nicht einfach bestehen, sondern vielmehr durch das Aussprechen Realität(en) und Wirkungen entstehen. In aller Kürze (und Verkürzung):

Bei der **Versicherheitlichung**/*securitization* artikuliert ein *securitizing actor* das Sicherheitsproblem und beschreibt dies als „existentielle Bedrohung" und schlägt besondere Maßnahmen vor, um dieser Bedrohung zu begegnen. Das Publikum hört die Warnung und kann diese nun für sich akzeptieren oder ablehnen, wobei mit der Akzeptanz auch die Bereitschaft wächst, die vorgeschlagenen Maßnahmen hinzunehmen.

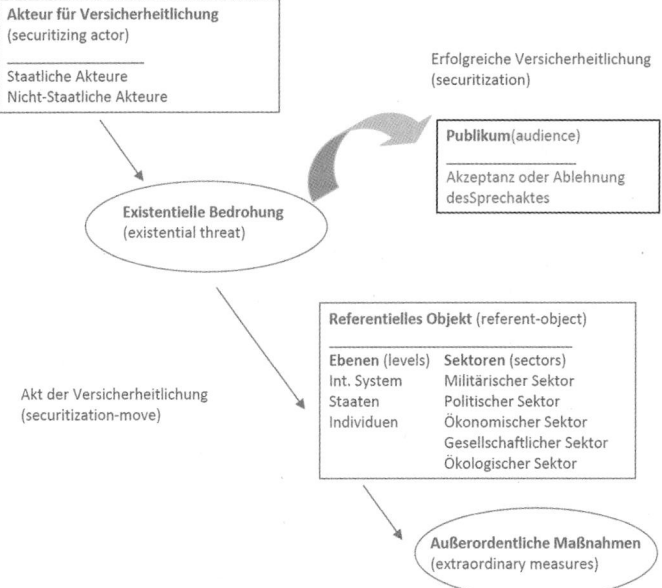

**Abb. 4.1** Versicherheitlichung nach Buzan und Weaver et al. 1998. (Quelle: Fischer et al. 2014, S. 15)

Die Rolle des versicherheitlichenden Akteurs kann nicht jeder einnehmen, doch sind beispielsweise Politiker wie Innenminister, Journalisten breit genutzter Medien oder anerkannte Nichtregierungsorganisationen, wie im Bereich der Inneren Sicherheit die Polizeigewerkschaften, in der Lage hier zu agieren. Sie sprechen ein Publikum an, das z. B. die allgemeine Bevölkerung sein kann. Doch auch eine eher spezifische Gruppe, wie Parlamentarier, Journalisten oder Gewerkschafter können adressiert werden. Immer geht es darum, bei ihnen Aufmerksamkeit, Betroffenheit und Sensibilität für das Phänomen zu gewinnen. Dies ist dann die Grundlage für die Akzeptanz und Legitimität der angestrebten Sicherheitsmaßnahmen, wie z. B. neue Gesetze oder veränderte Ausstattung von Sicherheitsorganen.

Dem Prozess der Securitization vorgelagert oder diesen umlagernd verweisen Buzan et al. (1998, S. 29) auf die Politicization bzw. Politisierung. Hier geht es dann nicht um die ‚existenzielle‘ Bedrohung oder die ‚außerordentlichen‘ Maßnahmen, sondern um Sprechakte, die Aufmerksamkeit auslösen oder Denkrichtungen verändern. Sowohl bei der Politicization wie auch bei der Securitization geht es um eine veränderte Wahrnehmung und Deutung von sozialen Phänomenen durch die besondere Beachtung von Risiken und Gefahren bzw. Schutz- und Sicherheitsbedarfen.

- Ein Beispiel für eine solche Wahrnehmung ist im internationalen Bereich die Deutung von Flucht nicht mehr als unfreiwillige Entwurzelung aufgrund politischer Verfolgung und wirtschaftlichen Elends der Flüchtlinge, sondern als Gefährdung der aufnehmenden Staaten

z. B. durch Illegalität des Aufenthalts, Überforderung des Arbeitsmarktes und „Import" ausländischer Konflikte oder von Kriminalität.

- Auf nationaler Ebene in Deutschland war besonders unter dem Innenminister Schäuble (1989–1991; 2005–2009) die Securitization auffällig, wenn vorgeschlagene gesetzliche Maßnahmen (Vorratsdatenspeicherung, Online-Überwachung von PCs, Nutzung von Mautdaten für Fahndungsmaßnahmen, Ermöglichung des Flugzeugabschusses durch die Bundeswehr bei akuter Terrorgefahr u. v. a. m.) mit umfangreichen, häufig nur potenziellen Bedrohungsszenarien begründet wurden.
- Für den lokalen Bereich stellt Virta (2007, S. 372) fest, dass gesellschaftliche Probleme der Deprivation, der sozialen Ausgrenzung oder des anti-sozialen Verhaltens vermehrt als Sicherheitsprobleme verstanden werden, dabei Bedeutung und Dringlichkeit erfahren und die Lösungsstrategie in Kontrolle und Schutz gesucht wird, anstatt dass nicht-versicherheitlichte Ansätze, wie z. B. Integrationsmaßnahmen, gesucht werden.

Wenn jedoch infolge der Securitization Problemdeutungen zunächst auf die Sicherheitsrelevanz verengt werden, bedeutet dies sowohl veränderte Wahrnehmungen von Ursachen und Bedeutung von (sozialen, technischen, ökonomischen, …) Phänomenen, vor allem jedoch auch Verschiebungen bei den Anforderungen an den Umgang mit den Problemen. Zwei Trends sind zu beobachten: Zum einen werden häufiger sicherheitsspezifische Ansätze der Kontrolle und Repression als Maßnahmen zum Umgang mit Phänomenen ausgewählt. Zum anderen werden verstärkt auch Akteure, die ausweislich nicht aus dem Sicherheitssektor stammen, in eine breit definierte Sicherheitsarbeit einbezogen, wenn z. B. Sportvereine mit ihrem Leistungsangebot genutzt werden, um gewaltbereite Jugendliche in sozial akzeptierte Netzwerke zu integrieren und so weniger gefährlich zu machen. Beiden Trends gilt es mit Vorsicht zu begegnen, um nicht die Sicherheitskultur so zu verändern, dass ein Sicherheitsstaat entsteht.

## 4.2    Freiheit und/vs. Sicherheit

In dem Diskurs um die Sicherheit werden die z. B. vom ,securitizing actor' vorgeschlagenen Maßnahmen von den einen als notwendige Instrumente zur Gefahrenabwehr oder Strafverfolgung gewertet, von anderen jedoch als Einschränkung der persönlichen Handlungsfreiheit befürchtet. Die Vorratsdatenspeicherung, also die Speicherung von Verbindungsdaten des Telefons, der E-Mail-Kommunikationen oder auch der IP-Daten (von welchem Computer wurden Mails versandt oder Internetseiten aufgerufen), ist ein Beispiel für die Auseinandersetzung. Polizeien möchten nach einem Vorfall, z. B. der Identifikation eines Terrorverdächtigen, nachvollziehen, mit wem die Person in Kontakt stand, um so das vermutete Netzwerk der Terroristen zu erfassen. Würden die Daten vom Telekommunikationsunternehmen nicht gespeichert, wäre dieser Ermittlungsansatz versperrt. Kritiker verweisen darauf, dass der Zugriff auf alle möglichen Verbindungsdaten die Menschen „gläsern" machen würde und das Abwehrrecht des Brief-, Post- und Fernmeldegeheimnisses (Art. 5 GG) auflösen würde. Zudem würde das Instrument die Gefahr bergen, dass Informanten von Journalisten identifiziert werden könnten und Whistleblower eingeschüchtert würden. Auch die Rechte von Ärzten und besonders Rechtsanwälten mit ihrer Verschwiegenheitspflicht würden eingeschränkt.

Ein weiteres Beispiel betrifft die Videoüberwachung des öffentlichen Raums. Befürworter sehen hierin einen Ansatz zur präventiven Kontrolle, die z. B. auch die Polizei und ihre personelle Streifentätigkeit entlaste, sowie ein wichtiges Element zur Ermittlung von Straftätern. Kritiker sehen Freiheitsrechte eingeschränkt, wenn ‚der Staat‘ immer wisse, wer was wann mit wem mache. Die Kontrolle schränke die allgemeine Handlungsfreiheit, das allgemeine Persönlichkeitsrecht (Art. 2 GG) und die vom Bundesverfassungsgericht entwickelte, hierauf bezogene Norm der informationellen Selbstbestimmung ein.

Die einen verweisen auf den Wert der Sicherheit, die anderen pochen auf die Freiheitsgrundrechte.

In den Diskussionen werden Freiheit und Sicherheit häufig als Gegensätze verstanden, bei der ein „zu viel" an Freiheit die Sicherheit beeinträchtige, ein „zu viel" an Sicherheit wiederum die Freiheit begrenze. Christoph Gusy (2012) sieht sie jedoch auch in einem Ergänzungsverhältnis: „Keine Freiheit ohne Sicherheit. Keine Sicherheit ohne Freiheit". „Freiheit und Sicherheit sind eben keine absoluten, sondern relative Werte", die nie vollständig erreicht werden, aber der Politik und Gesellschaft Orientierungspunkte sein müssten. Beide Werte sind von der gesellschaftlichen Konstruktion geprägt und in ihren (Be-) Deutungen auch veränderbar.

In den Diskussionen zu konkreten Maßnahmen verschwimmen häufig die Betrachtungsebenen, weil von den Diskutanten nicht klar differenziert wird, wessen Sicherheit und wessen Freiheit von welchen latenten, abstrakten oder konkreten Risiken oder Gefahren betroffen sind. Es gilt die verschiedenen Dimensionen des Sicherheitsbegriffs (vgl. Kap. 1) zu differenzieren und die Effekte von Sicherheitsmaßnahmen ebenfalls auf diese zu beziehen. Die Sicherheit vor Extremismus und ihrem Ziel der Beseitigung der freiheitlich-demokratischen Grundordnung schützt die Freiheit des Gemeinwesens, schränkt aber ggf. individuelle Freiheiten ein. Die absolute individuelle Freiheit des Einzelnen kann die Sicherheit von anderen Personen oder aber auch von Gesellschaft und Staat gefährden.

Eine zu grobschlächtige Gegenüberstellung von Freiheit *versus* Sicherheit verdeckt die wechselseitige Abhängigkeit von Freiheit *und* Sicherheit. Gefordert ist eine kontinuierliche Debatte um die Vorstellungen zur Gestaltung des Gemeinwesens, die sich auf die Ambivalenzen der Leitwerte Sicherheit und Freiheit, aber auch von Gerechtigkeit, Gleichheit, Aufklärung einlässt.

## 4.3   Sicherheit als Ware

Daases These, dass die Sicherheit zur neuen gesellschaftlichen Leitvokabel mutiert sei, wird durch die Untersuchungen zur Sicherheitskultur und zum Sicherheitsempfinden (vgl. Abschn. 2.4) bestätigt. Auch die gewachsene Bedeutung der Politik der Inneren Sicherheit in den Parteiprogrammen und in der parlamentarischen

Auseinandersetzung kann als Indiz gewertet werden. Zudem wird im ökonomischen Bereich sichtbar, dass Sicherheit an „Wert" gewonnen hat.

Nach Angaben des Bundes Deutscher Sicherheitswirtschaft (BDSW 2017, S. 8, 16) sind die Umsatzzahlen der privaten Wach- und Sicherheitsdienste von 2005 bis 2016 von 4,13 Mrd. auf 8,62 Mrd. EUR gestiegen. Die Beschäftigtenzahl wuchs im gleichen Zeitraum von 168.000 auf 265.000. Für elektronische Sicherheitsmaßnahmen (Überfall- und Einbruchmeldeanlagen, Videoüberwachung u. a.) verzeichnet der Zentralverband Elektrotechnik- und Elektronikindustrie von 2011 bis 2015 eine Umsatzsteigerung von 34 % von 2,771 Mrd. auf 3,713 Mrd. EUR.[2] Ungesichert sind Daten zur privaten Bewaffnung, doch vom 31.01.2016 bis zum 31.05.2017 wuchs die Zahl der „Kleinen Waffenscheine" von 300.949 auf 523.923,[3] wobei davon auszugehen ist, dass die Erlaubnis zur Beschaffung von Schreckschuss- und Reizstoffwaffen oder Elektroschockern auch zum tatsächlichen Kauf genutzt wird und dass zudem ein deutliches Dunkelfeld des Waffenbesitzes und für Verteidigungsbewaffnung (z. B. Pfefferspray als nicht-erlaubnispflichtiges Tierabwehrspray) besteht.

---

[2]https://www.zvei.org/fileadmin/user_upload/Verband/Fachverbaende/Sicherheit/Markt_der_elektronischen_Sicherheitstechnik/Der_Markt_2011-2015.jpg.

[3]Antwort der Bundesregierung auf die Kleine Anfrage der Abgeordneten Irene Mihalic, Luise Amtsberg, Volker Beck (Köln, weiterer Abgeordneter und der Fraktion Bündnis 90/Die Grünen: Schusswaffen in Deutschland. Deutscher Bundestag, Drucksache 18/13082 v. 07.07.2017.

Diese Trends sind sicherheitspolitisch mit Sorge zu betrachten:

Sie verweisen auf ein nachlassendes Vertrauen in die Schutzfähigkeit des für die Sicherheit verantwortlichen Staates und können als sich entwickelndes Legitimitätsproblem gedeutet werden.

Der Zuwachs an privaten Sicherheitsdiensten steht in einem Wechselverhältnis zur öffentlichen Sicherheit. Eine Reduktion von Polizei im öffentlichen Raum, wie er einige Jahre durch Personalabbau sowie die Konzentration auf sog. ‚polizeiliche Kernaufgaben' forciert wurde, erzeugte zunächst ein empfundenes ‚Vakuum', das durch das Sicherheitsgewerbe gefüllt wurde. Nun setzt sich trotz der erhöhten Einstellungszahlen bei den Sicherheitsbehörden jedoch der Trend zur Privatisierung fort, mündet in Privat-Public-Partnerships und wird z. B. durch behördliche Auflagen zum Schutz von Veranstaltungen weiter forciert. Es entsteht somit eine starke private Säule der Sicherheit. Im „Programm Innere Sicherheit 2009" der Innenministerkonferenz wird zwar weiterhin postuliert: „Die Gewährleistung der Inneren Sicherheit ist staatliche Aufgabe. Ein Rückzug des Staates aus diesem Kernbereich hoheitlichen Handelns kommt nicht in Betracht. Das Grundgesetz weist dem Staat das Gewaltmonopol zu; es steht nicht zur Disposition." Es wertet aber das Sicherheitsgewerbe auf: „Die Unternehmen aus dem Dienstleistungsspektrum der privaten Sicherheit sind ein wichtiger Bestandteil der Sicherheitsarchitektur in Deutschland. Sie bieten neben fachlichem Wissen ein breites Produktportfolio und sind in der Prävention auf vielfältige Weise tätig" (IMK 2009, S. 25).

Zum Dritten kann sich aus dieser Entwicklung ergeben, dass die Ware „Sicherheit" – wie jede andere Ware in einem marktwirtschaftlichen System – sozial ungleich verteilt wird. Wer es sich leisten kann, schützt sich durch private Sicherheit, während Ärmere oder Randständige auf eine begrenzte öffentliche Sicherheit angewiesen sind. Neben diesem Verteilungsaspekt kann weiterhin die Entwicklung beschleunigt werden, dass sich auch die Verhaltens- und sozialen Erwartungsnormen der zahlungskräftigen Schichten im erweiterten Sicherheitsbereich durchsetzen. Als ein Indikator kann die Rolle privater Sicherheitsdienste in Shoppingmalls gesehen werden, wo sie – anders als in öffentlichen Fußgängerzonen – mitwirken, „unerwünschte" Personen (Bettler, Obdachlose, herumlungernde Jugendliche) abzuweisen. Hier kann die soziale Spaltung der Gesellschaft und der Verlust des öffentlichen Raumes fortgesetzt werden (vgl. Keim 2011, S. 252; Lauen 2011, S. 306 ff.).

Ob diese Entwicklungen wirklich geeignet sind, nachhaltig Sicherheit zu gewähren und staatliche Legitimität zu erhalten, muss kritisch betrachtet werden.

## 4.4 Umbau der Sicherheitsarchitektur – ‚Grenzen' abbauen?

Am 3. Januar 2017 veröffentlichte die Frankfurter Allgemeine Zeitung den bereits erwähnten Namensbeitrag von Thomas de Maizière mit der Überschrift „Leitlinien für einen starken Staat in schwierigen Zeiten." Hierin entfaltet er als Bundesinnenminister mit besonderer

Zuständigkeit für die Innere Sicherheit seine Vorstellungen für die Neuordnung von Zuständigkeiten für die
Sicherheitspolitik und -arbeit in Deutschland. Er fordert
mehr Kompetenzen für die Bundespolizei und das Bundeskriminalamt, möchte den Bundesverfassungsschutz
stärken und die Landesverfassungsschutzämter abschaffen, denkt an den Einsatz der Bundeswehr im Inneren,
überlegt an einer stärkeren Koordinierung des Katastro-
phen- und Bevölkerungsschutzes durch den Bund, will
Kompetenzen für die Abschiebung abgelehnter Flüchtlinge sowie für die Bekämpfung von Cybergefahren auf die
Bundesebene verlagern. Kurzum – in den Worten de Mai-
zières: „Ein starker Staat setzt in gesamtstaatlichen Angelegenheiten einen starken Bund voraus. Der Föderalismus
stärkt den Staat und schafft die erforderliche Nähe für
regionale Angelegenheiten. Die Sicherheit im Bund muss
aber auch vom Bund zu steuern sein."

Diese Forderungen sind nichts weniger als der Vor-
schlag für einen Totalumbau der Sicherheitsarchitektur in
Deutschland und stehen verschiedenen, auch sehr wesentlichen (wenn auch änderbaren) Grundgesetznormen entgegen. Der Beitrag steht in einem Kontext einer schon länger
während Diskussion über die Sicherheitsarchitektur, an
der sich Parteien, Interessensorganisationen, Repräsentan-
ten von Sicherheitsbehörden auf der Bundes- und Lände-
rebene, von Regierungen eingesetzte Kommissionen, selbst
gegründete Think Tanks, Arbeits- und Gesprächskreise
beteiligen. Zwar wurden vereinzelte Beiträge schon in den
1990er Jahren vorgelegt, doch waren insbesondere die Terroranschläge von „9/11" und die nachfolgenden Debatten
um neue Gesetze, neue Organisationsformen und Klärung

von Zuständigkeiten der Ausgangspunkt für die weiteren Überlegungen. Der Tenor der Forderungen bezieht sich auf den Abbau von Grenzen in der Sicherheitsarchitektur und den Ausbau von dann entstehenden Möglichkeitsräumen: Die Grenzen zwischen Bund- und Länderzuständigkeiten sollen gemindert werden, wobei der Bund, wie von de Maizière gefordert, mehr Steuerungskompetenzen erhalten soll. Die Grenzen zwischen Polizeien und Nachrichtendiensten sollen durchlässiger werden, wobei (noch?) nicht von einer Aufhebung des Trennungsgebotes gesprochen wird, aber die Zusammenarbeit der Behörden erleichtert werden solle. Die Grenze zwischen den Zuständigkeiten der Polizei als Akteur im Inneren und der Bundeswehr mit ihrer Zuständigkeit für äußere Sicherheit soll gelockert werden, um auch bewaffnete Einsätze der Bundeswehr innerhalb Deutschlands zu ermöglichen. Mit dem Verweis auf ‚neue Bedrohungen' (des Terrorismus, im Bereich der Cyberkriminalität, der Organisierten Kriminalität, durch Flüchtlingsbewegungen u. v. a. m.) werden mit Politicization und Securitization die außerordentlichen Maßnahmen eingefordert und besondere Ereignisse werden genutzt, um ein Policy-Window zu öffnen bzw. offen zu halten. Bei all den neuen Vorschlägen gilt es zu hinterfragen, welche Gründe für die „alte" Sicherheitsarchitektur sprachen und ob diese nicht weiterhin Gültigkeit besitzen sollten.

## 4.4.1  Neuordnung Bund-Länder-Zuständigkeiten

Die in Kap. 3 vorgestellte Sicherheitsarchitektur mit den diversen Akteuren und ihren Kompetenzen legt ursprünglich die Hauptverantwortung für die Exekutive in die

Hände der Länder. Sie sind zuständig für die Polizei, den Verfassungsschutz, für die Strafgerichtsbarkeit und für den Strafvollzug. Nur in wenigen Bereichen hat der Bund hier eigene Aufgaben, z. B. bei der Bundespolizei, dem Bundeskriminalamt und den Nachrichtendiensten BfV, BND und MAD. Andererseits hat der Bund eine deutlich stärkere Stellung bei der Legislative in der ausschließlichen und konkurrierenden Gesetzgebung. Das Strafgesetzbuch, die Strafprozessordnung und viele weitere rechtliche Grundlagen der Sicherheitsarbeit werden von Bundestag und Bundesrat geschaffen. Auch in anderen Politikfeldern zeigt sich diese Form der Arbeitsteilung mit Legislativkompetenz beim Bund und Exekutivkompetenz bei den Ländern.

In zwei Föderalismusreformen in den Jahren 2006 und 2009 wurden einige Kompetenzumschichtungen vorgenommen und der Bund erhielt in einzelnen Bereichen Koordinierungsrechte, die in anderen Bereichen wiederum eingeschränkt wurden. An dem bisherigen Fakt der Länderzuständigkeit für das Bildungswesen und – hier relevant – der Inneren Sicherheit wurde jedoch nicht gerüttelt (vgl. Hildebrandt und Wolf 2016). Lediglich in Einzelbereichen, wie z. B. der Einführung eines Gefahrenabwehrauftrags beim BKA oder partiellen Überarbeitungen beim Bundespolizeigesetz wurde die Bundeskompetenz gestärkt. In der politischen Diskussionen verweisen die Länder – bislang erfolgreich – darauf, dass der Wettbewerbsföderalismus auch im Bereich der Inneren Sicherheit funktioniere, die Koordination durch die Innenministerkonferenz für die politische Ebene und für den operativen Bereich z. B. durch Gemeinsame Zentren ausreiche.

Es liegt sicherlich an der Bewertung des Problemdrucks, aber dass der Bundesinnenminister eine Kompetenzsteigerung zugunsten des Bundes wünscht, wird – zumindest bei der derzeitigen Bedrohungslage – bei den Landesregierungen und somit im an der Gesetzgebung beteiligten Bundesrat nicht dazu führen, eine Kernkompetenz aus der Hand zu geben. Zu weit wurden die Länder schon „entmachtet", als dass sie hier ein symbolkräftiges und identitätsstiftendes Politikfeld räumen würden.

## 4.4.2 Kooperation Polizei und Nachrichtendienste

Grundsätzlich gilt für das Verhältnis von Polizeien und Nachrichtendiensten, hier primär gemeint der Verfassungsschutz, das sogenannte Trennungsgebot. Es hat seinen Ursprung in dem als „Polizeibrief" bekannt gewordenen Schreiben der alliierten Militärgouverneure vom 14.04.1949 an den Parlamentarischen Rat. Neben den Aussagen zur Aufgabe von Bundespolizeibehörden verfügten sie, dass es der Bundesregierung „gestattet [sei], eine Stelle zur Sammlung und Verbreitung von Auskünften über umstürzlerische, gegen die Bundesregierung gerichtete Tätigkeiten einzurichten. Diese Stelle soll keine Polizeibefugnis haben."[4] Dies bedeutete, dass die Nachrichtendienste kein Recht im Bereich der Gefahrenabwehr und der Strafverfolgung und des Einsatzes

---

[4]http://www.verfassungen.de/de/de49/grundgesetz-schreiben49-3.htm.

von unmittelbarem Zwang haben. Den Polizeien stehen umgekehrt keine nachrichtendienstlichen Kompetenzen und Instrumente zu. Auch der polizeiliche Staatsschutz ist der Abwehr konkreter Gefahren und insbesondere der Strafverfolgung von politisch motivierter Kriminalität verpflichtet und arbeitet nicht nachrichtendienstlich. Mit den Polizeigesetzen und den Gesetzen über die Verfassungsschutzämter wird die organisationale, befugnisrechtliche, funktionelle und informationelle Trennung einfachgesetzlich festgeschrieben.

Die Trennung von Polizei und Nachrichtendienst wird auch als Reaktion auf das fürchterliche Wirken der Gestapo in der NS-Zeit zurückgeführt. Eine Behörde, die aufgrund zu breiter Kompetenzen zum Unterdrückungsapparat wurde, sollte es nicht mehr geben. Diese Forderung wurde von den Alliierten erhoben, aber auch von allen Mitgliedern des Parlamentarischen Rates getragen und moralisch verteidigt. Nach Interpretation von Grumke und van Hüllen (2016, S. 20) steht das Trennungsgebot „demokratietheoretisch wie verfassungsrechtlich […] allerdings auf schwächeren Füßen." Der Polizeibrief habe keinen Verfassungsrang gehabt, sei nicht in das Grundgesetz aufgenommen worden und wäre spätestens nach dem Zwei-plus-vier-Vertrag von 1990 im Rahmen der Wiedervereinigung obsolet gewesen. Doch 2013 hat das Bundesverfassungsgericht das Trennungsgebot zum geltenden Verfassungsrecht erklärt und um ein „informationelles Trennungsgebot" erweitert (BVerfGE 133, S. 277–377). Damit wurde das Antiterrordateigesetz von 2006 in Teilen nicht verfassungsgemäß bewertet und deutlich modifiziert. So sei nur die „Errichtung der Antiterrordatei als Verbunddatei verschiedener

Sicherheitsbehörden zur Bekämpfung des internationalen Terrorismus, die im Kern auf die Informationsanbahnung beschränkt ist und eine Nutzung der Daten zur operativen Aufgabenwahrnehmung nur in dringenden Ausnahmefällen vorsieht, [...] in ihren Grundstrukturen mit der Verfassung vereinbar."

Diese Interpretation liegt dem veränderten Antiterrordateigesetz und in analoger Deutung auch der Zusammenarbeit von Polizeien und Nachrichtendiensten in dem Gemeinsamen Terrorabwehrzentrum (siehe Abschn. 3.2.4) zugrunde. Es bleibt also bei der Trennung der Informationssysteme in den Gemeinsamen Zentren und einer begrenzten Datenmenge in der Antiterrordatei. Dass diese Abgrenzung nicht sehr klar ist, wird auch in den Kritiken durch Datenschutzbeauftragte und Bürgerrechtsvereinigungen deutlich.[5]

## 4.4.3 Einsatz der Bundeswehr im Inneren

Steht die Trennung von Nachrichtendiensten und Polizei zwar nicht ausdrücklich im Grundgesetz und wurde erst durch das Bundesverfassungsgericht zum geltenden Verfassungsrecht erhoben, so ist die Aufgabentrennung von Polizei und Bundeswehr eindeutig geregelt. Die Bundeswehr ist für den Verteidigungs- und Spannungsfall eingerichtet (Art. 87 a I und II GG) und hat grundsätzlich keine Aufgaben im Bereich der Inneren Sicherheit: „Außer zur

---

[5]Vgl. http://www.spiegel.de/politik/deutschland/anti-terror-datei-bundesdatens chuetzerin-vosshoff-kritisiert-gesetz-a-982.330.html; https://www.cilip.de/2015/01/30/antiterrordatei-bald-mit-analyseprojekten/.

Verteidigung dürfen die Streitkräfte nur eingesetzt werden, soweit dieses Grundgesetz es ausdrücklich zulässt". Eine dieser Ausnahmen wird in Art. 87a IV GG geregelt und betrifft den Inneren Notstand gemäß Art. 91 GG, also eine Lage, bei der eine drohende Gefahr für den Bestand oder die freiheitlich-demokratische Grundordnung des Bundes oder eines Landes besteht. Hier darf die Bundeswehr die Polizei unterstützen „beim Schutze von zivilen Objekten und bei der Bekämpfung organisierter und militärisch bewaffneter Aufständischer". Weiterhin kann ein Land die Unterstützung der Streitkräfte bei Naturkatastrophen oder bei einem besonders schweren Unglücksfall anfordern (Art. 35 II S. 2, III GG).

Auch bei dieser deutlichen Trennung von Zuständigkeiten können Gründe in der Aufarbeitung sowohl des Scheiterns der Weimarer Republik als auch der Wirkungen der Nazi-Herrschaft gefunden werden. Soldaten sollten nicht mehr auf Mitbürger schießen dürfen und der „Ruhe und Ordnung" dienen. Nur bei Katastrophenhilfe leistet die Bundeswehr unbewaffnete Unterstützung mit Manpower und Gerät. Der Innere Notstand ist ein Extremszenario, das mit Aufständen und Bürgerkrieg, aber nicht mit Kriminalität, Extremismus und auch nicht mit den bislang üblichen terroristischen Anschlägen in Verbindung steht.[6] Diese restriktive

---

[6]Die Frage, wie eine Zusammenarbeit von Polizei und Bundeswehr bei einem großflächigen Terrorangriff aussehen könnte, war im März 2017 Gegenstand der gemeinsamen Übung ‚GETEX'. Über Ziel und die politische Diskussion zu dieser Übung wurde sowohl in Hinblick auf den faktischen Bedarf, die verfassungsrechtliche Einordnung als auch das sicherheitspolitische Signal kräftig diskutiert. Vgl. beispielsweise http://www.zeit.de/politik/deutschland/2017–03/innere-sicherheit-bundeswehr-polizei-antiterroreinsatz-uebung.

Haltung ist ein deutsches Spezifikum und viele andere Länder, z. B. Frankreich, setzen Militär auch im Inneren ein, wenn z. B. nach Terroranschlägen Soldaten auf Bahnhöfen und Flughäfen schwer bewaffnet patrouillieren.

Es sind vor allem die CDU und CSU, die eine Grundgesetzänderung befürworten, um den Einsatz der Bundeswehr im Inneren zu ermöglichen. So forderte bereits 1993 der damalige Bundesinnenminister Schäuble eine Überprüfung und Änderung der Rechtslage, nachdem kurdische Demonstranten Brücken und Autobahnen besetzt hatten. Vor allem nach den 9/11-Anschlägen wurde die Forderung bekräftigt und dann mit den nicht vorhandenen technischen und personellen Kapazitäten der Polizeien argumentiert, wenn sie mit einem ähnlichen Bedrohungsfall konfrontiert würden. Auch auf weitere Szenarien wird verwiesen, bei denen die Bundeswehr über relevante Spezialkenntnisse verfüge: Sie habe mobile und rasch einsetzbare Systeme zur Detektion von atomaren, biologischen und chemischen Kampfstoffen und die Dekontamination. Sie könne luftgestützte Aufklärungsarbeit leisten, verfüge über Luftabwehrfähigkeiten und Lufttransportfähigkeiten, die zur Gefahrenabwehr benötigt werden könnten. Andere Kompetenzen wie Pionierfähigkeiten, Sanitätsdienst und Versorgungsleistungen wären ebenfalls zu nennen (vgl. Knelangen und Irlenkaeuser 2004; Krause 2017).

In der politischen Debatte lehnen die anderen Parteien eine weitreichende Änderung der bisherigen Trennung ab. Lediglich im Bereich der Luftsicherheit verständigten sie sich auf erweiterte Kompetenzen für die Bundeswehr, die bis hin zum Einsatz von Waffengewalt gegen ein Flugzeug gehen dürfe. Allerdings hat das Bundesverfassungsgericht einen wesentlichen Paragrafen (§ 14 Abs. 3 LuftSiG) des hoch umstrittenen Luftsicherheitsgesetzes im Jahr 2005 für verfassungswidrig erklärt und für die weitere Umsetzung hohe Hürden formuliert, die wohl faktisch einen Abschuss untersagen.[7]

Neben den politischen Vorbehalten und verfassungsrechtlichen Grenzen sprechen weitere eher praktische und nur mittelfristig lösbare Probleme gegen den Einsatz der Bundeswehr im Inneren. Aktuell ist die Bundeswehr mit ihren Standardaufgaben, zu denen inzwischen auch diverse Auslandsmandate gehören, personell und technisch so ausgelastet, dass kaum Kapazitäten für Inlandsaufgaben bereitstehen. Zum zweiten ist die Ausbildung von Soldaten so stark abweichend von der Ausbildung der Polizisten, dass die Kompatibilität bei gemeinsamen Einsätzen nicht gegeben ist.

## 4.5  Ansätze zur Schaffung von Sicherheit

Der Kern der Sicherheitsarbeit liegt in der Gefahrenabwehr.

### Gefahrenabwehr

„Ziel ist es, Gefahren für Rechtsgüter abzuwehren, also Störungen zu beseitigen und den Eintritt von weiteren oder neuen Schäden zu verhindern. Herkömmlich wird

---

[7]So darf nur die Bundesregierung, nicht aber der Verteidigungsminister allein, in Eilfällen über den Abschuss von Flugzeugen entscheiden (Az.: 2 BvF 1/05 [2013]). Zudem dürfe dies nur bei Bedrohungen von katastrophalem Ausmaß der Fall sein (Az.: 2 PBvU 1/11 [2012]).

diese Aufgabe auch als Aufrechterhaltung der öffentlichen Sicherheit und Ordnung bezeichnet" (Kugelmann 2012, S. 4).

Ein zweiter Aufgabenbereich liegt für Polizei, Staatsanwaltschaften und Gerichte bei der Strafverfolgung. Wie es sich für einen Rechtsstaat gehört, sind die Aufgaben sowie die für die Aufgabenerfüllung benötigten Pflichte und Rechte von Bürgern, Unternehmen sowie den kontrollierenden Behörden gesetzlich geregelt, wozu beispielsweise das Ordnungswidrigkeitenrecht, das Strafrecht mit der Strafprozessordnung, das Polizeirecht und vielfältige Nebenbestimmungen in anderen Rechtsbereichen (z. B. des Umweltrechts, Betäubungsmittelgesetz u. v. a. m.) zählen. Verwaltungstechnisch werden die Handlungsansätze dem Bereich der Eingriffs- und Genehmigungsverwaltung zugerechnet. Im Rahmen der Genehmigung beantragt z. B. eine Firma den Betrieb einer Anlage, die Gefahren bergen kann. Die zuständige Behörde prüft die Anlage und das Gefahrenpotenzial und kann diese genehmigen, kann Auflagen erteilen oder eben auch die Genehmigung verweigern. Hier ist das Ziel, das Gefahrenpotenzial präventiv zu mindern oder gänzlich zu aufzuheben. Mit dem Eingriff sind hingegen Verwaltungsakte verbunden, die in eine andauernde Situation eingreifen und – im Beispiel bleibend – die Stilllegung einer laufenden Anlage fordern, da Gefahren eingetreten sind oder konkret vermieden werden sollen.

Auch im Bereich der Inneren Sicherheit kann, hier mit Blick auf Kriminalität, die Gefahrenabwehr dargestellt werden, wobei die Begriffe Prävention und Repression eine größere Rolle spielen. Prävention, vom lateinischen *praevenire* – verhindern. Die Kriminalprävention soll Straftaten verhindern. Im rechtswissenschaftlichen Blick wird bei den Straftheorien nach General- und Spezialprävention unterschieden, wobei bei der

- positiven Generalprävention angestrebt wird, dass die Menschen sich rechtstreu verhalten und Vertrauen in die Rechtsordnung entwickeln,
- negativen Generalprävention über das Bewusstsein, dass Strafen auf abweichendes Verhalten folgen, normkonformes Verhalten erreicht wird.
- Positive Spezialprävention zielt auf die Besserung und Resozialisierung von Tätern,
- negative Spezialprävention soll die Gesellschaft vor Tätern schützen und den Täter durch die als Belastung empfundene Strafe von nochmaligem Fehlverhalten abhalten (vgl. Esser und Krey 2016, S. 137).

In der Kriminologie wird differenziert nach Adressaten und setzt nach einem Stufenmodell an verschiedenen Zeitpunkten an (vgl. Tab. 4.1).

Der Blick auf das hauptsächliche und öffentliche Wirken der Sicherheitsbehörden macht deutlich, dass diese ihre Schwerpunkte bei der sekundären Prävention und der negativen Generalprävention haben und mit kontrollierenden, intervenierenden und sanktionierenden Maßnahmen mit Bezug auf (potenzielle) Täter arbeiten: verdächtige Personen werden kontrolliert, gefährliche Orte bestreift, gefährdete Personen und Objekte geschützt, Straftaten angezeigt… Diese Schwerpunktsetzung ist in den Polizeigesetzen so angelegt und gewollt, um die Polizei

**Tab. 4.1** Dimensionen der Kriminalprävention. (Nach Heinz 2005, S. 11)

| Stufe Adressat | Primäre Kriminalprävention | Sekundäre Kriminalprävention | Tertiäre Kriminalprävention |
|---|---|---|---|
| Täter | Allgemeinheit | Potenzielle Täter | Verurteilte |
| Opfer | Jeder als mögl. Opfer | Potenzielle Opfer | Verletztes Opfer |
| Situation | Allg. Situationen | Gefährdete Objekte | ‚hot spots' |

so einzusetzen, dass sie möglichst wenig in die allgemeine Lebensführung eingreift, und einen umfassend agierenden Polizeistaat zu verhindern.

Gleichzeitig wird aber auch deutlich, dass ein solcher Ansatz nur sehr begrenzte Wirkung bei der Gewährung von Sicherheit entfalten kann und es sowohl vor- als auch nachgelagerte Sicherheitsarbeit benötigt, die jedoch von anderen Akteuren zu leisten ist. Bei der prophylaktisch wirkenden Primär- bzw. positiven Generalprävention sind beispielsweise Familien und Schulen gefordert, Normtreue zu fördern. Eine kriminalpräventive Stadtraumgestaltung (Beleuchtung, Wegeführung etc.) kann von Architekten und Stadtplanern angestrebt werden. Bei den potenziellen oder faktischen Opfern von Kriminalität bedarf es der Förderung von Copingfähigkeit, also der Fähigkeit mit Ereignissen fertig zu werden, und der Resilienz als allgemeiner Widerstandsfähigkeit. Nach schädigenden Ereignissen können Sozialeinrichtungen und Beratungsstellen helfen, Belastungen zu verarbeiten und nach der Viktimisierung zurück in den Alltag zu finden. Im Bereich des

Extremismus ist neben der kontrollierenden und sanktionierenden Arbeit vor allem auch politische Bildung zur Förderung der demokratischen Haltung nötig, wie es auch Aussteiger- und Deradikalisierungsprogramme benötigt.

Eine Vorstellung, dass die Sicherheitsbehörden in der Lage wären, Sicherheit zu produzieren, kann der Komplexität von Bedrohungen und Risiken, den vielfältigen Ursachen von Kriminalität, Extremismus und Terrorismus sowie den unterschiedlichen Anforderungen an die Beeinflussung und Entwicklung normkonformen und sozialadäquaten Verhaltens der Menschen nicht gerecht werden. Umso mehr ist dann allerdings bei der Analyse der Sicherheitspolitik zu hinterfragen, ob der Aufwand im Bereich der Sicherheitsgesetzgebung, des Ausbaus an Kontrolle, der technischen und personellen Aufrüstung im Vergleich z. B. zu sozialen Begleitmaßnahmen, politischer Bildung und Opferschutz in einem akzeptablen Verhältnis steht.

Es ist aber deutlich, dass die Sicherheitspolitik in einem Dilemma steckt, zum einen auf konkrete Gefährdungen und Einsatzanlässe reagieren zu müssen, zum zweiten die Sicherheitserwartungen der Bevölkerung faktisch und symbolisch zu bedienen, zum dritten in dem Bemühen um Sicherheit nicht die freiheitliche Ordnung auszuhöhlen. Die Politik steht in dem Spannungsfeld von möglichst umfassend zu gewährleistender Sicherheit und den ebenfalls zu schützenden Ansprüchen auf Freiheit in ihren sehr unterschiedlichen Erscheinungsformen der Freiheit der Handlung, der Meinung, der Presse, der Versammlung, der informationellen Selbstbestimmung u. a.

Aktuelle Lagen und Erwartungen erzeugen Druck auf die politische Führung der Sicherheitsbehörden, sich zu positionieren und Wege für mehr Sicherheit aufzuzeigen. Bundesinnenminister Wolfgang Schäuble dachte beispielsweise 1993 über den Einsatz der Bundeswehr in Inneren nach, sein Amtsnachfolger Otto Schily gilt 2001/2002 als Initiator für umfangreiche Gesetzesänderungen zur Terrorismusabwehr, Thomas de Maizière dachte 2017 über die Generalrevision der Sicherheitsarchitektur nach und sein Amtsvorgänger Hans-Peter Friedrich (CSU) sprach von einem „Supergrundrecht Sicherheit", als er im Juli 2013 im Rahmen einer Sitzung des Parlamentarischen Kontrollgremiums zu den NSA-Überwachungsaktivitäten antwortete.

In einer scharfen Replik auf die Formulierung Friedrichs analysierte Hertha Däubler-Gmelin (SPD, ehemalige Bundesjustizministerin):

,Supergrundrecht Sicherheit' heißt ja, dass die Grundrechte der Bürger im Zweifel weniger gelten sollen als die Anordnungen von Sicherheitsbehörden und Geheimdiensten, sobald die das, auch aufgrund von geheimen Erkenntnissen zur Abwehr von Verbrechen und Terrorismus, für nötig halten. Die Hülle aus Quellenschutz und Geheimniträgern macht all das für Öffentlichkeit, Parlament und Gerichte unüberprüfbar. Dieser Gedankengang ist nicht ganz neu. Derartige Allmachtsfantasien waren auch schon bei früheren Innenministern zu beobachten – ganz offensichtlich irrlichtert im Bundesinnenministerium ein böser Geist herum, der sich immer wieder der Köpfe von Ministern bemächtigt (Däubler-Gmelin 2013).

Darüberhinaus würde ein Supergrundrecht Sicherheit jedoch auch Ansprüche an dessen Gewähr(leist)ung durch den Staat formulieren, die dieser rein faktisch nicht erfüllen kann und dann zu der Gefahr führen, dass er sich übernimmt.

> Geradezu paradox erscheint, dass der Staat Opfer der eigenen Erfolge wird. Indem er für grundlegende Sicherheit sorgt und somit seiner hoheitlichen Aufgabe gerecht wird, schafft er weiter reichende Sicherheitsbedürfnisse der Gesellschaft. Der Staat erscheint immer weniger in der Lage, diese komplexen Bedürfnisse zu befriedigen. Er kann sie allerdings auch nicht abweisen, ohne die eigene Legitimationsgrundlage, also explizit die Gewährleistung von Sicherheit, zu untergraben (Endreß und Petersen 2012).

So sind es dann die verstärkten Sicherheitsbemühungen, die neue Unsicherheiten hervorrufen. Die Signale an die Bevölkerung, dass der Staat sie schütze, werden sofort konterkariert, wenn eine schwere Straftat und ein Terroranschlag erfolgen. Ein sicherheitspolitisches „Hinterherhecheln" muss geradezu scheitern. Doch getrieben von bürgerschaftlichen Erwartungen und im Zugzwang des politischen Konkurrenzkampfs folgen insbesondere Politiker der CDU und CSU wie aber auch der SPD der Idee der staatlichen Sicherheitsgewährung durch Polizei und andere Sicherheitsbehörden. Dabei sitzen ihnen vor allem auch rechtspopulistische Parteien wie aktuell die AfD oder früher z. B. die Schill-Partei im Nacken, die jede abstrakte Gefahr oder faktischen Fall nutzen, um auf den dann als

„unzureichend" bewerteten staatlichen Schutz zu verweisen. Die Rechtspopulisten instrumentalisieren die Ängste, schüren sie, kreieren Angstobjekte und identifizieren „Sündenböcke" – zum Nachteil der Bürger, der Gesellschaft und des Staates.

Zweifellos ist Sicherheit ein Grundbedürfnis der Menschen – aber es ist auch ein unstillbares Grundbedürfnis. Zweifellos ist die Gewährung von Sicherheit eine originäre Aufgabe des Staates – aber hier auch ein unerfüllbares Versprechen. Wie in kaum einem anderen Politikfeld stellen sich die Forderungen des alten Soziologen Max Weber so deutlich dar wie in der Sicherheitspolitik, also einerseits der Bedarf an Verantwortungsgefühl und Augenmaß bei den Politikern und andererseits der Anspruch an die Beamten „sine ira et studio ,ohne Zorn und Eingenommenheit' [...] seines Amtes [zu] walten" (Weber 1994, S. 73 f., 46).

Ein rationaler Diskurs über Bedrohungen, Risiken und Gefahren in Verbindung mit einer nüchternen Betrachtung der Möglichkeiten und Grenzen der Sicherheitsgewährung ist gerade in Zeiten von sich ändernder Kriminalität und des Terrorismus unverzichtbar, aber in Zeiten beschleunigter Kommunikation und kurzatmiger „Aufregungsdemokratie"[8] schwer zu führen. Umso mehr gilt es ihn – auch mit diesem Buch in der Reihe „Elemente der Politik" – anzumahnen und zu fundieren.

---

[8]Der Begriff wurde vom Duisburger Politikwissenschaftler Karl-Rudolf Korte geprägt und von ihm in zahlreichen Vorträge und Interviews verwendet.

## Zum Nach- und Weiterdenken

Zum Ende des Abschn. 4.1 wird vor einer zu großen Ausdehnung der Sicherheit und den Verlockungen der Securitization gewarnt, hingegen in Abschn. 4.5 für eine Sicherheitsarbeit geworben, die über polizeiliche Ansätze der Intervention hinausgeht. Ist das nun ein Widerspruch? Wie stehen Sie zu den Positionen?

Die Sicherheitsarchitektur ist in inkrementalistischen Schritten auf der Grundlage des 1949 verfassten Grundgesetzes und der damaligen politischen Würdigung der Weimarer Republik und des Nationalsozialismus entwickelt worden. Ist es nach nunmehr über 70 Jahren Zeit für eine Modernisierung und Generalrevision der Sicherheitsarchitektur in der gefestigten Demokratie Deutschlands? Oder sollten die Grundpfeiler der Sicherheitsarchitektur mit den Trennungen (mit Kooperationsmöglichkeiten) von Bund und Ländern, Polizei und Nachrichtendiensten, innerer und äußerer Sicherheit unangetastet bleiben?

## Literatur zum Weiterlesen und Vertiefen

Fragen der Sicherheitskultur und Versicherheitlichung werden in den Sammelbänden

Daase, Christopher, Philipp Offermann und Valentin Rauer (Hrsg.) (2012): Sicherheitskultur. Soziale und politische Praktiken der Gefahrenabwehr. Frankfurt a. M.: Campus.
Lange, Hans-Jürgen, Michaela Wendekamm und Christian Endreß (Hrsg.) (2014): Dimensionen der Sicherheitskultur. Wiesbaden: Springer VS.

diskutiert.

Das Buch

Lange, Hans-Jürgen, H. Peter Ohly und Jo Reichertz (Hrsg.) (2009): Auf der Suche nach neuer Sicherheit. Fakten, Theorien und Folgen. Wiesbaden: VS Verlag für Sozialwissenschaften.

betrachtet aus verschiedenen Perspektiven die Politik und die Handlungsfelder der Inneren Sicherheit.

Wie Vertreter von obersten Sicherheitsbehörden die Sicherheitslage deuten und welche Schlussfolgerungen sie für ihre Arbeit ziehen, ist dokumentiert in

Sensburg, Patrick Ernst (Hrsg.) (2017): Sicherheit in einer digitalen Welt. Baden-Baden: Nomos.

# 5

# Kommentierte Literaturhinweise

Zu den einzelnen Kapiteln wurden schon gesonderte Hinweise zum Weiterlesen und Vertiefen gegeben. Hier noch ein paar weitere Tipps:

*Endreß, Christian (2013): Die Vernetzung einer gesamtstaatlichen Sicherheitsarchitektur. Das Politikfeld Innere Sicherheit im Spannungsverhältnis von politischen Interessen und sich wandelnden Bedrohungen. Frankfurt a. M.: Peter Lang.*

In insgesamt neun Kapiteln werden Grundlagen, Strukturen und Herausforderungen der Sicherheitsarchitektur in Deutschland diskutiert. Aufbauend auf einen staatstheoretischen Diskurs steht die Institutionen- und Handlungsfeldorientierung der Inneren Sicherheit in Deutschland im Mittelpunkt, wobei aus unterschiedlichen Perspektiven wie a) dem spezifischen Sicherheitsbegriff

© Springer Fachmedien Wiesbaden GmbH, ein Teil von
Springer Nature 2018
B. Frevel, *Innere Sicherheit*, Elemente der Politik,
https://doi.org/10.1007/978-3-658-20247-7_5

und -auftrag, b) der Positionierung von Behörden und Akteuren in der Sicherheitsarchitektur und c) den sich wandelnden Herausforderungen und -anforderungen vor dem Hintergrund veränderter Sicherheits- und Gefahrenlagen geschaut wird. In der Studie wird der Versuch einer holistischen Betrachtung „der Komplexität des föderalen Sicherheitssystems in der Bundesrepublik Deutschland" unternommen und nach einer bündigen Sicherheitsarchitektur gesucht.

*Hirschmann, Nathalie (2016): Sicherheit als professionelle Dienstleistung. Eine soziologische Analyse der gewerblichen Sicherheit. Wiesbaden: Springer VS.*

Obgleich das private Sicherheitsgewerbe schon über einhundert Jahre alt ist, hat sich dessen Bedeutung im Bereich der Sicherheitsgewährleistung, als Arbeitgeber und hinsichtlich des volkswirtschaftlichen Beitrags erst vor allem in den letzten zwanzig Jahren stark entwickelt. Die Präsenz von Mitarbeitenden von Sicherheitsdienstleistungsfirmen hat zugenommen, Sicherheitsdienstleister agieren für private Auftraggeber, aber auch in Police- und Public-Private-Partnerships. Und mit dem weiteren Streben nach mehr Sicherheit in faktisch oder vermeintlich unsicheren Zeiten verbessert sich deren Marktposition. Mit einem professionssoziologischen Ansatz und Bezügen zum Neo-Institutionalismus, werden die Möglichkeiten und Grenzen des Sicherheitsgewerbes als Akteur der Inneren Sicherheit aufgezeigt und Perspektiven für die Weiterentwicklung der Branche benannt.

*Grumke, Thomas und Rudolf van Hüllen (2016): Der Verfassungsschutz. Grundlagen. Gegenwart. Perspektiven? Opladen, Berlin und Toronto: Verlag Barbara Budrich.*

Während die Analyse des Sicherheitsakteurs „Polizei" in den vergangenen Jahren deutlich zugenommen hat, sind die Nachrichtendienste noch unterbelichtet. In ihrem Buch gehen Grumke und van Hüllen von einer Krise des Verfassungsschutzes aus. Nach der Beschreibung von historischen, rechtlichen und organisatorischen Grundlagen dieser spezifischen Behörden wird der Verfassungsschutz in seinen gegenwärtigen Strukturen, Handlungsorientierungen und Wirkungsmöglichkeiten diskutiert, um den Fragen nach einer Zukunftsfähigkeit nachzugehen.

*Daase, Christopher, Philip Offermann und Valentin Rauer (Hrsg.) (2012) Sicherheitskultur. Soziale und politische Praktiken der Gefahrenabwehr. Frankfurt a. M.: Campus.*

Die gesellschaftlichen Erwartungen an die Gewährung und Gestaltung der Sicherheit finden sich im 21. Jahrhundert in einem deutlichen Umbruch. Der Wert der Sicherheit wird gegenüber anderen Werten der Aufklärung und Emanzipation höher, die Anforderungen an Staat und Wirtschaft wachsen. Und das Sicherheitsversprechen durch den Staat wird immer schwieriger einzuhalten. In 15 Beiträgen zu den fünf Themenaspekten „Begriff und Konzeption der Sicherheitskultur", „Methodologische Perspektivierungen", „gesellschaftliche Gruppen und Akteure", „Normenentwicklung internationaler Sicherheitskultur" und „Sicherheits- und Risikoperzeption" nähern sich die Autorinnen und Autoren den Veränderungen, den Reaktionen der Sicherheitsakteure und den Herausforderungen zur wissenschaftlichen Analyse.

*Kaufmann, Franz Xaver (2012; [1]1970): Sicherheit als sozio-
logisches und sozialpolitisches Problem. Berlin, Münster: Lit
Verlag.*

Auch nach über 40 Jahren ist das von Kaufmann ver-
fasste Buch unbedingt lesenswert. Er nähert sich auf der
Grundlage soziologischer Analysen der Sicherheit, ihrer
normativen „Karriere" sowie der Konzeptionalisierung
und Thematisierung in verschiedenen Kontexten. Die
vielen Facetten der Sicherheit werden aufgezeigt und die
Verführung des Sicherheitsversprechens betrachtet. Ausgangspunkt seiner Habilitationsschrift ist die These, „ers-
tens daß die Thematisierung von ‚Sicherheit' aus der
Veränderung des Verhältnisses von äußeren Spannun-
gen und psychischer Stabilität von Personen zu erklären
ist, und zweitens daß der Wandel dieses Verhältnisses aus
typischen gesellschaftlichen Entwicklungen der Neuzeit
resultiert, die sich am besten mit der Kategorie ‚gesellschaftliche Differenzierung' begreifen lassen." (S. VII).

**Buchreihen**

*Zivile Sicherheit. Schriften zum Fachdialog Sicherheitsfor-
schung. Herausgegeben von Hans-Jörg Albrecht, Rita Haverkamp, Stefan Kaufmann und Peter Zoche. Berlin/Münster:
Lit Verlag.*

Das Bundesministerium für Bildung und Forschung
fördert seit 2007 im Rahmen des Programms „Forschung
für die zivile Sicherheit" auf der Grundlage von thema-
tischen Bekanntmachungen Forschungsprojekte. Das
Programm wird begleitet von dem Fachdialog Sicherheitsforschung, der in seiner Schriftenreihe Monografien und

Sammelbände zu grundsätzlichen und aktuellen Herausforderungen der Sicherheitsproduktion und zugehörigen Sicherheitsforschung herausgibt.

*Studien zur Inneren Sicherheit. Herausgegeben von Hans-Jürgen Lange. Wiesbaden: Springer VS*
Der Interdisziplinäre Arbeitskreis Innere Sicherheit ist ein Zusammenschluss von Wissenschaftler/innen insbesondere aus der Politikwissenschaft, Soziologie, Kriminologie und Geschichtswissenschaft. In seiner Schriftenreihe werden grundlagentheoretische und problemorientierte Arbeiten als Monografien und Sammelbände zu Akteuren, Institutionen und Strukturen der Inneren Sicherheit, zur Gestaltung der Sicherheitsproduktion und zur politischen Programmatik der Inneren Sicherheit veröffentlicht.

*Schriften zur Empirischen Polizeiforschung. Herausgegeben von Hans Asmus, Rafael Behr, Bernhard Frevel, Hermann Groß, Astrid Jacobsen, Karlhans Liebl, Thomas Ohlemacher (†) und Peter Schmidt. Frankfurt a. M.: Verlag für Polizeiwissenschaft.*
Die Polizei als zentraler Akteur der Sicherheitsarbeit steht im Fokus des Arbeitskreises Empirische Polizeiforschung, der in dieser Schriftenreihe seine Ergebnisse aus Fachtagungen und ausgewählten Studien vorlegt. Grundsatzfragen zur Organisation, zur Programmatik und internen Strukturen werden hier ebenso diskutiert wie aktuelle Forschungsprojekte und Ergebnisse polizeiinterner Studien.

**Internet-Links**

www.arbeitskreis-innere-sicherheit.de – Die Homepage des Interdisziplinären Arbeitskreises Innere Sicherheit mit Hinweisen zu Tagungen, Publikationen und zum wissenschaftlichen Netzwerk.

www.empirische-polizeiforschung.de – Die Homepage des Arbeitskreises Empirische Polizeiforschung, der jährlich mit ein bis zwei Fachtagungen den polizeiwissenschaftlichen Diskurs fördert.

www.bpb.de/politik/innenpolitik/innere-sicherheit – Die Bundeszentrale für politische Bildung stellt in diesem Online-Dossier Beiträge zum Sicherheitsbegriff, zu Sicherheitsproblemen, zur Sicherheitsarchitektur und -produktion bereit.

www.cilip.de – ist die Homepage des Instituts und Netzwerks „Bürgerrechte & Polizei", die sich aus einer bürgerrechtlichen Perspektive mit der Inneren Sicherheit und ihren Akteuren befasst.

www.polizei-newsletter.de – ist ein Angebot des Lehrstuhls für Kriminologie, Kriminalpolitik und Polizeiwissenschaft der Ruhr-Universität Bochum. Monatlich werden hier mit kurzen Hinweisen und Links Erkenntnisse und Studien zur Polizeiwissenschaft und Inneren Sicherheit vorgestellt.

# Literatur

Ackermann, Jan, Katharina Behne, Felix Buchta, Marc Dro-
bot und Philipp Knopp (2015): Metamorphosen des Ex-
tremismusbegriffes. Diskursanalytische Untersuchungen zur
Dynamik einer funktionalen Unzulänglichkeit. Wiesbaden:
Springer VS.

Aden, Hartmut (2013): Polizeibeauftragte und Beschwerdestellen in Deutschland. Erfolgsbedingungen und neue Trends in
den Ländern. In: vorgänge 52 (Nr. 204), S. 10–20.

AfD – Alternative für Deutschland (2017): Programm für die
Wahl zum Deutschen Bundestag, 1.6.2017, https://www.
afd.de/wp-content/uploads/sites/111/2017/06/2017-06-01_
AfD-Bundestagswahlprogramm_Onlinefassung.pdf

Albrecht, Peter-Alexis (2010): Vom Präventionsstaat zur Sicher-
heitsgesellschaft – Wege kontinuierlicher Erosion des Rechts.
Festschrift für Winfried Hassemer. Heidelberg: CF Müller,
S. 3–18.

© Springer Fachmedien Wiesbaden GmbH, ein Teil von
Springer Nature 2018
B. Frevel, *Innere Sicherheit*, Elemente der Politik,
https://doi.org/10.1007/978-3-658-20247-7

Backes, Uwe und Eckhart Jesse (1993): Politischer Extremismus in der Bundesrepublik Deutschland. Berlin: Propyläen.

BDSW/BDGW – Bundesverband der Sicherheitswirtschaft und Bundesvereinigung Deutscher Geld- und Wertdienste (Hrsg.) (2017): Sicherheitswirtschaft in Deutschland. Bad Homburg: BDSW.

Beck, Ulrich (1986): Risikogesellschaft. Auf dem Weg in eine andere Moderne. Frankfurt am Main: Suhrkamp.

Beck, Ulrich (2008): Weltrisikogesellschaft. Auf der Suche nach der verlorenen Sicherheit. Frankfurt am Main: Suhrkamp.

Behr, Rafael (2015): „Entscheidend ist, was jeder als Gewalt empfindet" – Die Rolle der Polizeigewerkschaften bei der Konstruktion von Risiken. In: Bernd Dollinger, Axel Groenemeyer und Dorothea Rzepka (Hrsg.): Devianz als Risiko. Neue Perspektiven des Umgangs mit abweichendem Verhalten, Delinquenz und sozialer Auffälligkeit. Weinheim, München: BeltzJuventa, S. 202–221.

Birkel, Christoph et al. (2014): Der Deutsche Viktimierungssurvey 2012. Erste Ergebnisse zu Opfererfahrungen, Einstellungen gegenüber der Polizei und Kriminalitätsfurcht. Freiburg: Schriftenreihe des Max-Planck-Instituts für ausländisches und internationales Strafrecht.

BMI – Bundesministerium des Inneren (Hrsg.) (2016): Konzeption Zivile Verteidigung. Berlin: BMI.

BMI – Bundesministerium des Inneren (Hrsg.) (2017): Verfassungsschutzbericht 2016. Berlin: BMI.

Boers, Klaus (1991): Kriminalitätsfurcht. Über den Entstehungszusammenhang und die Folgen eines sozialen Problems. Pfaffenweiler: Centaurus.

Boers, Klaus (1997): Sozialer Umbruch, Modernisierungsrisiken und Kriminalität. In: Boers, Klaus et al. (Hrsg.): Sozialer Umbruch und Kriminalität in Deutschland. Opaden: Westdeutscher Verlag, S. 35–52.

Bogumil, Jörg, Lars Holtkamp und Gudrun Schwarz (2003): Das Reformmodell Bürgerkommune. Leistungen – Grenzen – Perspektiven. Berlin: Sigma.

bpb – Bundeszentrale für politische Bildung (Hrsg.) (2002): Verwundbarkeit hochindustrieller Gesellschaften – Innere Sicherheit – Demokratie. In: Aus Politik und Zeitgeschichte, Heft 10-11/2002.

Brückner, Peter und Alfred Krovoza (1972): Staatsfeinde: innerstaatliche Feinderklärung in der BRD. Berlin: Wagenbach.

Bund Deutscher Sicherheitswirtschaft (Hrsg.) (2017): Sicherheitswirtschaft in Deutschland. Bad Homburg: BDSW.

Bundeskriminalamt (2017a): Polizeiliche Kriminalstatistik Bundesrepublik Deutschland. Jahrbuch 2016. Band 1: Fälle, Aufklärung, Schaden. Wiesbaden: BKA.

Bundeskriminalamt (2017b): Polizeiliche Kriminalstatistik Bundesrepublik Deutschland. Jahrbuch 2016. Band 2: Opfer. Wiesbaden: BKA.

Bundeskriminalamt (2017c): Polizeiliche Kriminalstatistik Bundesrepublik Deutschland. Jahrbuch 2016. Band 3: Tatverdächtige. Wiesbaden: BKA.

Bundeskriminalamt (2017d): Polizeiliche Kriminalstatistik Bundesrepublik Deutschland. Jahrbuch 2016. Band 4: Einzelne Straftaten. Wiesbaden: BKA.

Bundeskriminalamt (2017e): Organisierte Kriminalität. Bundeslagebild 2016. Wiesbaden: BKA.

Bundeskriminalamt (2017f): Kriminalität im Kontext von Zuwanderung. Berichtsjahr 2016. Wiesbaden: BKA.

Bündnis90/Die Grünen (2017): Zukunft wird aus Mut gemacht. https://www.gruene.de/fileadmin/user_upload/Dokumente/ BUENDNIS_90_DIE_GRUENEN_Bundestagswahlprogramm_2017_barrierefrei.pdf

Buzan, B., O. Wæver, and J. de Wilde (1997): Security: A New Framework for Analysis. Boulder: Lynne Rienner Publishers.

CDU/CSU (Hrsg.) (2016): Berliner Erklärung der Innenminister und -senatoren von CDU und CSU zu Sicherheit und Zusammenhalt in Deutschland, 19.8.2016, www.regierung-mv.de/serviceassistent/_php/download.php?datei_id=1577972

Daase, Christopher (2012): Sicherheitskultur als interdisziplinäres Forschungsprogramm. In: Daase, Christopher, Philipp Offermann und Valentin Rauer (Hrsg.): Sicherheitskultur. Soziale und politische Praktiken der Gefahrenabwehr. Frankfurt a.M.: Campus, S. 23–44.

Daase, Christopher und Alexander Spencer (2010): Terrorismus – Begriffe, Theorien und Gegenstrategien. In: Masala, Carlo (Hrsg.): Handbuch der internationalen Politik. Wiesbaden: Springer VS, S. 403–425.

Daase, Christopher, Philipp Offermann und Valentin Rauer (2012): Einleitung. In: Daase, Christopher, Philipp Offermann und Valentin Rauer (Hrsg.): Sicherheitskultur. Soziale und politische Praktiken der Gefahrenabwehr. Frankfurt a.M.: Campus, S. 7–19.

Dams, Carsten und Michael Stolle (2009): Die Gestapo. Herrschaft und Terror im Dritten Reich. München: Beck.

Däubler-Gmelin, Hertha (2013) : Bundesregierung und der NSA-Skandal. Widerspruch dem Supergrundrecht. URL: http://www.sueddeutsche.de/politik/bundesregierung-und-der-nsa-skandal-widerspruch-dem-supergrundrecht-1.1727333

de Maizière, Thomas: Leitlinien für einen starken Staat in schwierigen Zeiten. URL: http://www.faz.net/aktuell/politik/inland/innenminister-de-maiziere-leitlinien-fuer-einen-starken-staat-in-schwierigen-zeiten-14601852.html

Destatis – Statistisches Bundesamt (Hrsg.) (2008): Klassifikation der Wirtschaftszweige. Mit Erläuterungen. Wiesbaden: destatis.

Die Linke (2017): Die Zukunft, für die wir kämpfen: Sozial. Gerecht. Frieden. Für alle, 11.6.2017, www.die-linke.de/ fileadmin/download/wahlen2017/wahlprogramm2017/wahl-programm2017.pdf

Endreß, Christian (2013): Die Vernetzung einer gesamtstaatlichen Sicherheitsarchitektur. Das Politikfeld Innere Sicherheit im Spannungsverhältnis von politischen Interessen und sich wandelnden Bedrohungen. Frankfurt am Main: Peter Lang.

Endreß, Christian und Nils Petersen (2012): Dimensionen des Sicherheitsbegriffs. http://www.bpb.de/politik/innenpolitik/ innere-sicherheit/76634/dimensionen-des-sicherheitsbegriffs

Esser, Robert und Volker Krey (2016): Deutsches Strafrecht allgemeiner Teil. Stuttgart: Kohlhammer Verlag.

FDP (2017): Schauen wir nicht länger zu. Programm der Freien Demokraten zur Bundestagswahl 2017, 29.5.2017, www. fdp.de/sites/default/files/uploads/2017/05/29/20170523-schauen-wir-nicht-langer-zu.pdf

Fischer, Susanne, Philipp Klüfers, Carlo Masala und Katrin Wagner (2014): (Un-) Sicherheitswahrnehmung und Sicherheitsmaßnahmen im internationalen Vergleich. Berlin: Forschungsforum Öffentliche Sicherheit.

Frevel, Bernhard (2003): Polizei, Politik und Medien und der Umgang mit dem bürgerschaftlichen Sicherheitsgefühl. In: Lange, Hans-Jürgen (Hrsg.): Die Polizei der Gesellschaft. Zur Soziologie der Inneren Sicherheit. Opladen: Leske+Budrich.

Frevel, Bernhard (2008): Kriminalpolitik im institutionellen System der Bundesrepublik Deutschland. In: Lange, Hans-Jürgen: Kriminalpolitik. Wiesbaden: VS Verlag für Sozialwissenschaften, S. 103–120.

Frevel, Bernhard (2013): Innere Sicherheit in der Programmatik der Parteien. URL: http://www.bpb.de/politik/innenpolitik/ innere-sicherheit/168652/innere-sicherheit-in-parteiprogrammen

Frevel, Bernhard (Hrsg.) (2007): Kooperative Sicherheitspolitik in Mittelstädten. Studien zu Ordnungspartnerschaften und Kriminalpräventiven Räten. Frankfurt am Main: Verlag für Polizeiwissenschaft.

Frevel, Bernhard (Hrsg.) (2012): Handlungsfelder lokaler Sicherheitspolitik. Netzwerke, Politikgestaltung und Perspektiven. Frankfurt am Main: Verlag für Polizeiwissenschaft.

Frevel, Bernhard und Bernhard Rinke (2017): Innere Sicherheit als Thema parteipolitischer Auseinandersetzung. In: Aus Politik und Zeitgeschichte, Heft 32–33, S. 4–10.

Frevel, Bernhard und Hermann Groß (2016): „Polizei ist Ländersache" – Polizeipolitik unter den Bedingungen des deutschen Förderalismus. In: Hildebrandt, Achim und Frieder Wolf (Hrsg.): Die Politik der Bundesländer. Zwischen Föderalismusreform und Schuldenbremse. Wiesbaden: Springer VS.

Frevel, Bernhard und Nils Voelzke (2017): Demokratie. Entwicklung, Gestaltung, Herausforderungen. Wiesbaden: Springer VS.

Frevel, Bernhard und Rafael Behr (Hrsg.) (2015): Empirische Polizeiforschung XVII: Die kritisierte Polizei. Frankfurt am Main: Verlag für Polizeiwissenschaft.

Götz, Volkmar (1985): Versammlungsfreiheit und Versammlungsrecht im Brokdorf-Beschluß des Bundesverfassungsgerichts. DVBl 15: 1347–1352.

Groß, Hermann und Arthur Kreuzer (2008): Ehrenamtliche Polizei als Scharnier zwischen Bürger und Polizei. In: Marks, Erich und Wiebke Steffen (Hrsg.): Engagierte Bürger – sichere Gesellschaft. Ausgewählte Beiträge des 13. Deutschen Präventionstages. Mönchengladbach: Forum Verlag Godesberg, S. 171–181.

Grumke, Thomas und Rudolf von Hüllen (2016): Der Verfassungsschutz. Grundlagen. Gegenwart. Perspektiven? Opladen, Berlin, Toronto: Verlag Barbara Budrich.

Grutzpalk, Jonas (2012): Gewaltmonopol des Staates. URL: http://www.bpb.de/politik/innenpolitik/innere-sicherheit/125721/das-gewaltmonopol-des-staates

Grutzpalk, Jonas und Tanja Zischke (2012): Nachrichtendienste in Deutschland. URL: http://www.bpb.de/politik/innenpolitik/innere-sicherheit/135216/nachrichtendienste

Gusy, Christoph (2007): Präventionsstaat zwischen Rechtsgüterschutz und Abbau von Freiheitsrechten in Deutschland. In: Graulich, Kurt und Dieter Simon (Hrsg.): Terrorismus und Rechtsstaatlichkeit. Analysen, Handlungsoptionen, Perspektiven. Berlin: Akademie Verlag, S. 273–295.

Gusy, Christoph (2012): Freiheit und Sicherheit. URL: http://www.bpb.de/politik/innenpolitik/innere-sicherheit/76651/freiheit-und-sicherheit

Haverkamp, Rita (2015): Barometer Sicherheit in Deutschland. Objektive und subjektive (Un-) Sicherheiten in der Kriminalprävention. Das Sicherheitsquadrat als Analyseinstrument (Teil 2). In: Forum Kriminalprävention, Heft 2, S. 51–57.

Hegemann, Hendrik und Martin Kahl (2018): Terrorismus und Terrorismusbekämpfung. Eine Einführung. Wiesbaden: Springer VS.

Heinz, Wolfgang (2005): Kommunale Kriminalprävention aus wissenschaftlicher Sicht. In: Britta Bannenberg (Hrsg.): Kommunale Kriminalprävention. Ausgewählte Beiträge des 9. Deutschen Präventionstages. Mönchengladbach: Forum Verlag Godesberg, S. 9–30.

Hildebrandt, Achim und Frieder Wolf (Hrsg.) ([2]2016): Die Politik der Bundesländer. Zwischen Föderalismusreform und Schuldenbremse. Wiesbaden: Springer VS.

Hirscher, Gerhard und Eckhard Jesse (Hrsg.) (2013): Extremismus in Deutschland. Baden-Baden: Nomos.

Hirschmann, Nathalie (2016): Sicherheit als professionelle Dienstleistung und Mythos. Eine soziologische Analyse der gewerblichen Sicherheit. Wiesbaden: Springer VS.

Huster, Stefan und Karsten Rudolph (Hrsg.) (2008): Vom Rechtsstaat zum Präventionsstaat. Frankfurt am Main: Suhrkamp.

IMK – Ständige Konferenz der Innenminister und -senatoren der Länder (Hrsg.) (2009): Programm Innere Sicherheit. Fortschreibung 2008/2009. Potsdam: MI Brandenburg.

Jäger, Joachim (1992): Kommunale Kriminalpolitik. In: Kriminalprävention – Neue Wege in der Kriminalitätskontrolle. Schriftenreihe der Polizei-Führungsakademie. Ausgabe 2-3/1992, S. 62–76.

Jaschke, Hans-Gerd (2006). Politischer Extremismus. Wiesbaden: VS Verlag für Sozialwissenschaften.

Jesse, Eckhard und Johannes Urban (2013): Innere Sicherheit. In: Andersen, Uwe und Wichard Woyke (Hrsg.): Handwörterbuch des politischen Systems der Bundesrepublik Deutschland. Wiesbaden: Springer VS.

Keim, Rolf (2011): Soziale Stadt und sozialräumliche Ausgrenzung: Wohnem und öffentlicher Raum. In: Hanesch, Walter (Hrsg.): Die Zukunft der „Sozialen Stadt". Strategien gegen soziale Spaltung und Armut in den Kommunen. Wiesbaden: VS Verlag für Sozialwissenschaft, S. 241–256.

Klocke, Dieter (2012): Der militärische Abschirmdienst: die „Geheimen" im Dienste der Bundeswehr. In: Europäische Sicherheit und Technik, 61 (5), S. 39 ff.

Knelangen, Wilhelm und Jan C. Irlenkaeuser (2004): Die Debatte über den Einsatz der Bundeswehr im Inneren. Kieler Analysen zur Sicherheitspolitik, Nr. 12. Kiel: Institut für Sicherheitspolitik an der Christian-Albrechts-Universtität zu Kiel.

Köcher, Renate (2016): Diffuse Ängste. Allensbach: Institut für Demoskopie Allensbach. URL: http://www.ifd-allensbach.de/uploads/tx_reportsndocs/FAZ_Februar016.pdf

Krause, Ulf von (2017): Der Einsatz der Bundeswehr im Innern: Ein Überblick über eine aktuelle, kontroverse politische Diskussion. Springer VS.

Kugelmann, Dieter (2012): Polizei- und Ordnungsrecht. Heidelberg: Springer.

Kupferschmidt, Erich und Thomas Menzel (2013): Geschichten eines Sicherheitsunternehmens. Band 1: Von den Anfängen bis zum Beginn des 20. Jahrhunderts. Berlin: Securitas Holding.

Kutscha, Martin (2006): Innere Sicherheit als Staatsaufgabe. In: Fredrik Roggan und Martin Kutscha (Hrsg.): Handbuch zum Recht der Inneren Sicherheit. Berlin: Berliner Wissenschafts-Verlag, S. 24–28.

Lange, Hans-Jürgen und Jean Claude Schenck (2004): Die Polizei im kooperativen Staat. Verwaltungsreform und Neue Steuerung in der Sicherheitsverwaltung. Wiesbaden: VS Verlag für Sozialwissenschaften.

Lange, Hans-Jürgen, Michaela Wendekamm und Christian Endreß (Hrsg.) (2014): Dimensionen der Sicherheitskultur. Wiesbaden: Springer VS.

Laqueur, Walter (1998): Die globale Bedrohung. Neue Gefahren des Terrorismus. Berlin: Econ.

Lauen, Guido (2011): Stadt und Kontrolle. Der Diskurs um Sicherheit und Sauberkeit in den Innenstädten. Bielefeld: transcript.

Liebl, Karlhans (Hrsg.) (2004): Empirische Polizeiforschung V: Fehler- und Lernkultur in der Polizei. Frankfurt am Main: Verlag für Polizeiwissenschaft.

Müller, Thorsten (2015): Europäisierung der Inneren Sicherheit. In: Frevel, Bernhard (Hrsg.): Polizei in Staat und Gesellschaft. Politikwissenschaftliche und soziologische Grundzüge. Hilden: Verlag deutsche Polizeiliteratur. S. 73–89.

Offe, Claus (1969): Politische Herrschaft und Klassenstrukturen. In: Kress, Gisela und Dieter Senghaas: Politikwissenschaft. Eine Einführung in ihre Probleme. Frankfurt a.M.: Fischer, S. 155–189.

Pfahl-Traughber, Armin (2014): Linksextremismus in Deutschland. Eine kritische Bestandsaufnahme. Wiesbaden: Springer VS.

R+V (Hrsg.) (2016): R+V-Studie Die Ängste der Deutschen 2016. URL: https://www.ruv.de/presse/aengste-der-deutschen. (zuletzt abgerufen 20.9.2016)

R+V (Hrsg.) (2017): R+V-Studie Die Ängste der Deutschen 2017. URL: https://www.ruv.de/presse/aengste-der-deutschen/presseinformation-aengste-der-deutschen-2017

R+V-Versicherungen – Info.Center (2016): Sicherheit bedroht: Terror, Extremismus und Flüchtlingskrise dominieren die Ängste der Deutschen. Bad Homburg: R+V.

Schmid, Alex P. (2011): The Definition of Terrorism. In: ders. (ed.): The Routledge Handbook of Terrorism Research. London: Routledge.

Schubert, Klaus und Martina Klein ([7]2018): Das Politiklexikon. Bonn: Dietz.

Schulze, Verena (2012): Safety and Security Governance. Kommunale Politik der Inneren Sicherheit aus der Perspektive des Governance-Ansatzes. Frankfurt am Main: Verlag für Polizeiwissenschaft.

Schuster, Armin (2017): Sicherheit mit Plan. Perspektiven für die Sicherheitsarchitektur der Bundesrepublik Deutschland. In: Stierle, Jürgen et al. (Hrsg.): Handbuch Polizeimanagement. Polizeipolitik – Polizeiwissenschaft – Polizeipraxis, Wiesbaden: Springer Gabler, S. 49–65.

Schutzkommission beim Bundesminister des Innern (Hrsg.) (2006): Dritter Gefahrenbericht der Schutzkommission beim Bundesminister des Innern: Bericht über mögliche Gefahren für die Bevölkerung bei Großkatastrophen und im Verteidigungsfall. Bonn.

Schwind, Hans-Dieter (2016): Kriminologie und Kriminalpolitik: Eine praxisorientierte Einführung mit Beispielen. Heidelberg: C.F. Müller/Kriminalistik.

SPD (2015): Beschlüsse des Parteikonvents 2015, 20.6.2015, www.spd.de/fileadmin/Dokumente/Beschluesse/Parteikonvent/20150626_beschlussbuch_konvent.pdf

SPD (2017): Zeit für mehr Gerechtigkeit. Unser Regierungsprogramm für Deutschland. https://www.spd.de/fileadmin/Dokumente/Regierungsprogramm/SPD_Regierungsprogramm_BTW_2017_A5_RZ_WEB.pdf

Stegmaier, Peter und Thomas Feltes (2007): ‚Vernetzung' als neuer Effektivitätsmythos der ‚inneren Sicherheit'. In: Aus Politik und Zeitgeschichte, Heft 12/2007: 18–25.

Stock, Jürgen (2014): Sicherheitsarchitektur 2.0 – Organisation der Verbrechensbekämpfung. In Niggli, Marcel-Alexander und Lukas Marty (Hrsg.): Risiken der Sicherheitsgesellschaft: Sicherheit, Risiko & Kriminalpolitik. Mönchengladbach: Forum Verlag Godesberg, S. 32–46.

Thiel, Markus (Hrsg.) (2003): Wehrhafte Demokratie. Beiträge über die Regelungen zum Schutz der freiheitlichen demokratischen Grundordnung. Tübingen: Mohr Siebeck.

Töpfer, Eric und Julia von Normann (2014): Unabhängige Polizei- Beschwerdestellen: Eckpunkte für ihre Ausgestaltung. Berlin, 2014 (Policy Paper / Deutsches Institut für Menschenrechte 27). URN: http://nbn-resolving.de/urn:nbn:de:0168-ssoar-417786

van den Brink, Henning (2005): Kommunale Kriminalprävention. Mehr Sicherheit in der Stadt? Frankfurt a.M.: Verlag für Polizeiwissenschaft.

Virta, Sirpa (2007): Security. In: McLaughlin, Eugene and John Muncie (Eds.): The Sage Dictionary of Criminology. London: Sage.

von Alemann, Ulrich (1987): Organisierte Interessen in der Bundesrepublik. Opaden: Leske+Budrich.

von Lampe, Klaus (2013): Was ist „Organisierte Kriminalität". In: Aus Politik und Zeitgeschichte, 63. Jg., Heft 38-39, S. 3–8.

Weber, Max (1994): Politik als Beruf. In: Studienausgabe der Max-Weber-Gesamtausgabe. Tübingen: Mohr-Siebeck.

Werthebach, Eckart et al. (2010): Kooperative Sicherheit. Die Sonderpolizeien des Bundes im föderalen Staat. Berlin: BMI. URL: https://www.bmi.bund.de/SharedDocs/Downloads/DE/Themen/Sicherheit/Bundespolizei/werthebach_1.pdf?__blob=publicationFile (zuletzt abgerufen: 11.2.1017)

Wörlein, Jan (2008): Institutionalisierte Kooperation von Polizei und Geheimdiensten. Bürgerrechte & Polizei/CILIP 90, Heft 2/2008: 50–61.

Zick, Andreas und Anna Klein (2014): Fragile Mitte – Feindselige Zustände. Rechtsextreme Einstellungen in Deutschland 2014. Bonn: Dietz.

Zick, Andreas, Beate Küpper und Daniela Krause (2016): Gespaltene Mitte – Feindselige Zustände. Rechtextreme Einstellungen in Deutschland 2016. Bonn: Dietz.